ŒUVRES COMPLÈTES

DE

SIR WALTER SCOTT.

Traduction Nouvelle.

PARIS,

A. SAUTELET ET Cᵒ ᴇᴛ CHARLES GOSSELIN

LIBRAIRES-ÉDITEURS.

M DCCC XXVII.

H. FOURNIER IMPRIMEUR.

ŒUVRES COMPLÈTES

DE

SIR WALTER SCOTT.

—

TOME TRENTE-HUITIÈME.

!5ɟ

IMPRIMERIE DE H. FOURNIER,
RUE DE SEINE, N° 14.

LE MONASTÈRE.

TOME TROISIÈME.

(The Monastery.)

LE MONASTERE.

(The Monastery.)

CHAPITRE XXVI.

« . . . . Que veut dire ceci ?
» On n'y comprend plus rien ; chacun de vous ici
» A-t-il donc de Circé bu la coupe fatale ? »

SHAKSPEARE. *La Comédie des méprises.*

LAISSANT, quant à présent, Halbert Glendinning
marcher à la garde de son courage et de sa fortune,
nous allons retourner à la tour de Glendearg, où il se
passait pendant ce temps des choses dont il est bon que
le lecteur soit instruit.

Midi approchait, et le dîner se préparait par les soins réunis d'Elspeth et de Tibbie, qui, pendant que leurs mains étaient occupées, ne souffraient pas que leurs langues s'engourdissent dans l'inaction.

— Nous ne manquons pas de besogne, dit Elspeth, depuis que sir Piercy Shafton est ici, et Dieu sait combien de temps cela durera!

— Plus long-temps que je ne le voudrais, répondit Tibbie, car ce nom n'a jamais produit rien de bon pour l'Écosse. Combien de veuves et d'orphelins les Piercy du Northumberland n'ont-ils pas faits. Il y a eu le fameux Hotspur et plusieurs autres de cette race cruelle qui ont plus d'une fois passé nos frontières depuis le temps du roi Malcolm, comme dit Martin!

— Martin ferait mieux de retenir sa langue, Tibbie, et de ne pas prendre tant de libertés en parlant de gens qui sont logés à Glendearg, dit Elspeth; d'ailleurs sir Piercy Shafton est très-respecté des bons pères de la communauté, qui nous tiendront compte de tout ce que nous ferons pour lui, je vous le promets; c'est un grand seigneur que le seigneur abbé.

— Oui, dit Tibbie; et il aime à s'enfoncer dans un coussin bien mou. J'ai vu, moi, plus d'un riche baron s'asseoir sur un banc; mais vous êtes contente, moi aussi.

— Voici notre jeune meunière, dit Elspeth. D'où venez-vous donc, Mysie? Rien ne va bien ici quand vous n'y êtes pas.

— J'ai seulement été jusqu'à la rivière, car miss Avenel est mal à l'aise et n'a pas voulu sortir, de sorte que j'ai été toute seule jusqu'au bord de l'eau.

— Pour voir si nos jeunes gens reviennent de la

chasse, j'en réponds, dit Elspeth : voilà ce que c'est que les jeunes filles, Tibbie ; elles ne songent qu'à s'amuser, et laissent tout l'ouvrage aux autres.

— Point du tout, dame Elspeth, répondit Mysie en retroussant ses manches, et en cherchant d'un air de bonne humeur en quoi elle pourrait se rendre utile, mais j'ai cru qu'il serait bon de voir s'ils arrivent, afin de préparer le dîner.

— Et les avez-vous vus? demanda Elspeth.

— Je n'en ai pas seulement aperçu l'ombre, dit Mysie, et cependant je suis montée sur une colline d'où j'aurais pu voir la belle plume blanche du chevalier anglais s'élever au-dessus du taillis.

— Et la tête d'Halbert, dit Elspeth, au-dessus de la plume du chevalier, quelque blanche qu'elle soit, j'en réponds.

Mysie ne répondit rien, mais elle se mit à pétrir de la pâte pour une tourte, observant que sir Piercy en avait mangé la veille en faisant son éloge. Pour mettre sur le feu le plat de fer destiné à la préparation de ce mets délicat, elle recula celui dans lequel Tibbie faisait cuire elle-même un mets de sa façon.

Tibbie murmura entre ses dents : — Il faut donc que le bouillon de mon enfant malade cède la place aux friandises de ce gourmand d'Anglais? C'était un bon temps que celui de Wallace ou du roi Robert, quand ces pouding (1) du sud ne recevaient ici que de bons coups de sabre : mais nous verrons comme tout cela finira.

Elspeth ne jugea pas à propos de faire attention à ces expressions de mécontentement, mais elles l'affectèrent

(1) *Pocks pudding,* terme de mépris adressé aux Anglais. — Éd.

péniblement, car elle était portée à regarder Tibbie comme une espèce d'autorité en matière de guerre et de politique : sujets dans lesquels son ancienne expérience comme femme de chambre au château d'Avenel la rendait plus entendue que les paisibles habitans des domaines de la communauté. Elle ne prit donc la parole que pour exprimer sa surprise sur le retard des chasseurs.

— Tant pis pour eux s'ils ne reviennent pas bientôt, dit Tibbie, car ils trouveront le rôti trop cuit, et voilà le pauvre Simm qui ne peut plus tourner la broche, il fond comme la neige au soleil. Va prendre l'air un moment, mon enfant, et je tournerai la broche pour toi.

— Monte au haut de la tour, dit Elspeth, l'air y est plus frais que partout ailleurs, et tu viendras nous dire si tu les vois dans la vallée.

L'enfant fut assez long-temps absent pour que Tibbie commençât à se repentir de sa générosité, et à trouver que la place qu'elle occupait était un peu chaude. Il revint enfin, et annonça qu'il n'avait vu personne.

Cette circonstance n'avait rien d'étonnant en ce qui concernait Halbert. On était accoutumé à le voir passer des journées entières à la chasse et ne rentrer que le soir. Mais on ne savait pas que sir Piercy Shafton fût un chasseur si ardent, et l'on ne croyait pas qu'il fût possible qu'un Anglais préférât la chasse à son dîner. Après avoir attendu une heure, les habitans de la tour mangèrent un morceau à la hâte, et ajournèrent le reste de leurs préparatifs jusqu'au retour des jeunes gens, qu'ils supposèrent s'être laissé entraîner trop loin par la chasse.

Vers quatre heures, on vit arriver non les chasseurs qu'on attendait, mais le sous-prieur qu'on n'attendait point. La scène de la veille était restée gravée dans le souvenir du père Eustache, qui naturellement aimait à percer tout ce qui avait un air de mystère. Il s'intéressait à la prospérité de la famille Glendinning, qu'il connaissait depuis bien long-temps; et d'ailleurs la communauté devait désirer de maintenir la paix entre sir Piercy Shafton et Halbert, puisque tout ce qui pouvait attirer l'attention publique sur le premier devait être dangereux pour elle, en faisant connaître qu'elle lui avait accordé secours et protection. Il trouva toute la famille réunie, à l'exception de Marie Avenel, et apprit qu'Halbert et sir Piercy étaient partis à la pointe du jour pour faire une partie de chasse, et n'étaient pas encore de retour. Cette circonstance n'excita en lui aucune inquiétude : les jeunes gens et les chasseurs s'astreignent rarement à des heures fixes.

Tandis qu'il causait avec Édouard d'objets relatifs aux études dans lesquelles il continuait à le diriger, on entendit un grand cri partir de l'appartement de Marie Avenel. Tout le monde s'empressa d'y courir, et on l'y trouva évanouie, et soutenue par Martin qui s'accusait de l'avoir tuée. Dans le fait, ses yeux fermés ,sa pâleur et son immobilité auraient pu faire croire qu'elle était privée d'existence. La consternation s'empara de toute la famille; on s'empressa de la porter près d'une fenêtre, dans l'espoir que l'air lui rendrait l'usage des sens; et le sous-prieur, qui, comme plusieurs personnes de sa robe, avait quelques connaissances en médecine, se hâta d'ordonner ce qu'il crut le plus convenable à sa situation, tandis que les femmes, se nuisant l'une à

l'autre à force de zèle, se disputaient à qui exécute-
rait le plus promptement ses ordonnances.

— C'est une attaque de nerfs comme en avait sa
mère dans ses derniers temps, dit Elspeth.

— C'est plutôt qu'elle a encore vu quelque esprit,
dit Tibbie.

— Ou quelque mauvaise nouvelle qu'elle a apprise,
dit la fille du meunier.

Pendant ce temps, on lui brûlait des plumes sous le
nez, on lui jetait de l'eau froide sur la figure, et l'on
employait tous les moyens généralement adoptés pour
rendre le sentiment aux personnes qui s'en trouvent
momentanément privées, sans que rien pût y réussir.

Enfin un nouveau spectateur qui venait d'entrer
dans la chambre sans être aperçu, offrit aussi ses secours dans les termes suivans :

— Qu'y a-t-il donc, ma charmante Discrétion ?
quelle cause a fait refluer le fleuve vermeil de votre vie
vers sa citadelle du cœur, abandonnant des traits qu'il
devrait être glorieux d'animer ? Permettez-moi d'approcher d'elle ; cette essence souveraine, distillée par
les belles mains de la divine Uranie, que les mortels appellent la comtesse de Pembroke, aurait le pouvoir
d'arrêter l'ame sur le point de prendre son vol.

En même temps, sir Piercy Shafton, posant un genou en terre devant Marie, lui fit respirer l'essence dont
il venait de faire l'éloge, et qui était contenue dans un
petit flacon d'argent d'un travail précieux.

Oui, lecteur, c'était sir Piercy Shafton lui-même, que
vous ne vous attendiez guère à voir venir offrir ses services en ce moment. Ses joues étaient fort pâles à la vérité ; ses vêtemens étaient un peu en désordre ; du reste,

il était exactement tel qu'on l'avait vu la veille. Mais Marie Avenel n'eut pas plus tôt ouvert les yeux et aperçu le courtisan officieux, qu'elle s'écria d'une voix faible :
— Arrêtez le meurtrier !

Tous ceux qui étaient présens restèrent immobiles de surprise, mais personne n'en éprouva une si grande que le chevalier, qui s'entendit accuser d'une manière si étrange et si soudaine par celle à qui il prodiguait des secours, et qui repoussait avec horreur les soins qu'il continuait à lui rendre.

— Qu'on arrête le meurtrier ! répéta-t-elle encore, et qu'on l'éloigne de mes yeux.

— Sur mon honneur, dit sir Piercy, vos aimables facultés physiques ou intellectuelles, ma très-aimable Discrétion, sont oblitérées par quelque étrange erreur. Car ou vos yeux ne distinguent pas que c'est Piercy Shafton, votre Affabilité, qui est devant vous en ce moment, ou, si vos yeux le reconnaissent, votre esprit se persuade bien à tort qu'il est coupable de quelque acte de violence à laquelle sa main est étrangère. Il n'a été commis aujourd'hui d'autre meurtre, trop dédaigneuse Discrétion, que celui dont vos regards irrités se rendent coupables en cet instant à l'égard d'un captif qui vous est tout dévoué.

Le sous-prieur, pendant ce temps, avait causé à part avec Martin, et en avait appris le détail des circonstances dont la nouvelle, annoncée sans précaution à Marie, avait occasioné l'état dans lequel on l'avait trouvée.

— Sire chevalier, dit-il d'un ton grave, on vient de m'apprendre des choses qui offrent des apparences si extraordinaires, que, quelque répugnance que j'éprouve à parler d'un ton d'autorité à un homme qui reçoit de nous l'hospitalité, il faut que je vous en demande l'explication : vous êtes sorti de cette tour ce matin à la pointe du jour, accompagné du fils aîné de mistress Glendinning; vous y revenez sans lui; dans quel endroit et à quelle heure l'avez-vous quitté?

Le chevalier répondit après un instant de réflexion :
— J'ai quitté Halbert Glendinning une heure ou deux après le lever du soleil.

— Mais en quel endroit, s'il vous plaît?

— Dans un ravin profond où il se trouve une petite fontaine en face d'un rocher sourcilleux, tel qu'un des Titans fils de la terre, et qui lève sa tête chauve de même que....

— Épargnez-nous vos comparaisons, ce lieu nous est connu. Mais depuis cet instant, ce jeune homme n'a point reparu, et il faut que vous nous rendiez compte de son absence.

— Mon fils! mon fils! s'écria Elspeth alarmée : oui, révérend père, il faut qu'il nous en rende compte.

— Je vous jure, bonne femme, par le pain et l'eau qui sont le soutien de la vie corporelle, comme.....

— Jure par le vin et la bonne chère qui sont les soutiens de ta vie, gourmand d'Anglais, s'écria Elspeth : un misérable qui fait son dieu de son ventre, qui vient ici manger ce que nous avons de meilleur, et qui ôte la vie à ceux qui sauvent la sienne!

— Je te dis, femme, que je n'ai fait qu'une partie de chasse avec ton fils.

— Chasse où il t'a servi de gibier! s'écria Tibbie; et je l'avais bien prévu du moment que j'ai aperçu ton visage d'Anglais. Jamais les Piercy n'ont fait autre chose que du mal à l'Écosse.

— Silence, dit le père Eustache : qu'on n'insulte pas le chevalier. Il n'existe encore contre lui que des présomptions.

— Nous lui arracherons le cœur, s'écria Elspeth : et se jetant ainsi que Tibbie sur le chevalier, elles lui auraient fait un mauvais parti, si le sous-prieur et Mysie ne l'eussent protégé contre leur violence.

Édouard, qui était sorti un instant, rentra alors une épée à la main, suivi de Martin et de Jasper, armés le premier d'une javeline de chasse, et le second d'une arbalète.

— Gardez la porte, leur dit-il, et s'il tente de sortir, tuez-le sans miséricorde. De par le ciel! s'il cherche à se sauver, il périra.

— Comment! Édouard, dit le sous-prieur, est-ce bien vous qui vous oubliez au point de projeter un acte de violence contre un hôte du monastère, et en ma présence, sous les yeux du représentant de votre seigneur suzerain!

— Pardon, révérend père, répondit Édouard ; mais dans cette affaire la voix de la nature parle plus haut que la vôtre. Je tourne la pointe de mon sabre contre cet homme orgueilleux, et je lui demande ce qu'est devenu mon frère, le fils de mon père, l'héritier de notre nom! S'il refuse de m'en rendre compte, qu'il se mette en défense, car il trouvera un vengeur du sang innocent.

Quoique fort embarrassé, sir Piercy ne montra aucune crainte ; mais s'abandonnant à sa fierté naturelle :
— Jeune homme, dit-il, rengaîne ton sabre ; il ne sera

pas dit que Piercy Shafton se soit battu le même jour contre deux paysans.

— Vous l'entendez, révérend père, s'écria Édouard : il avoue le fait.

— De la patience, mon fils! répondit le sous-prieur s'efforçant de calmer une impétuosité qu'il ne pouvait enchaîner : de la patience! fiez-vous à moi pour obtenir justice : vous y parviendrez plus aisément ainsi que par la violence. Et vous, femmes, gardez le silence, ou, pour mieux dire, retirez-vous.

Tibbie et les autres femmes de la maison emmenèrent la pauvre mère et Marie Avenel, et les conduisirent dans un autre appartement. Édouard, toujours l'épée à la main, se promenait en long et en large dans la chambre, comme pour ôter à sir Piercy tout moyen de s'échapper, et le sous-prieur insista de nouveau pour que le chevalier l'informât de ce qu'était devenu Halbert depuis qu'il était sorti avec lui.

La situation de sir Piercy devenait assez embarrassante. Son amour-propre se révoltait à l'idée de faire connaître le résultat de son combat avec le jeune Glendinning, et il ne pouvait se déterminer à faire cet aveu humiliant. D'une autre part, il ne pouvait dire ce qu'était devenu son antagoniste, puisqu'il l'ignorait, comme le savent nos lecteurs.

Cependant le père Eustache le serrait de près, et le priait de faire attention qu'en refusant de rendre un compte exact de tout ce qui s'était passé entre lui et le jeune Glendinning, il ne faisait qu'ajouter un nouveau degré de vraisemblance aux soupçons qui s'élevaient contre lui. — Vous ne pouvez nier, lui dit-il, que vous ne vous soyez livré hier à un violent accès de colère contre ce malheureux jeune homme, et votre ressentiment s'est calmé si subitement, que nous en avons tous été surpris. Hier soir vous lui proposâtes une partie de chasse pour aujourd'hui. Vous êtes sortis ce matin à la pointe du jour. Vous convenez que vous l'avez quitté une heure ou deux après le lever du soleil, près de la fontaine que vous nous avez désignée vous-même, et il paraît qu'avant de vous séparer vous avez eu une querelle.

— Je n'ai pas dit cela, dit le chevalier : au surplus, voilà bien du bruit pour un vassal qui est peut-être allé joindre quelque troupe de maraudeurs. C'est à moi, c'est à un chevalier du sang des Piercy que vous demandez compte d'un si vil fugitif? Quel prix attachez-vous à sa tête? je le paierai à votre couvent.

— Vous avouez donc que vous avez tué mon frère? s'écria Édouard. Eh bien, je vous apprendrai quel est le prix que nous autres Écossais nous attachons au sang de nos parens.

— Silence! Édouard, silence! dit le sous-prieur : je vous en prie, je vous l'ordonne. Quant à vous, sire chevalier, gardez-vous bien de croire que vous puissiez verser le sang écossais sans courir d'autres risques que d'avoir à le payer comme du vin répandu dans une orgie. Ce jeune homme n'était point un serf. Vous savez que dans votre pays vous n'oseriez lever le bras contre un sujet de l'Angleterre, et que les lois vous puniraient d'avoir donné la mort au dernier des citoyens. N'espérez pas qu'il en soit autrement ici, vous vous flatteriez d'une vaine espérance.

— Vous me faites perdre toute patience, s'écria sir Piercy Shafton : puis-je vous dire ce qu'est devenu un jeune rustre qui m'a quitté deux heures après le lever du soleil?

— Mais vous pouvez expliquer pourquoi, comment, et en quelle circonstance il vous a quitté.

— Mais, au nom du diable! quelles circonstances voulez-vous que je vous explique? Je proteste contre la contrainte que vous exercez à mon égard; elle est indigne de moi, elle est contraire aux lois de l'hospitalité; et pourtant je voudrais mettre fin à cet interrogatoire, si des paroles peuvent terminer cette discussion.

— Si les paroles ne la finissent pas, dit Édouard, mon bras se chargera de la finir.

— Paix! jeune impatient, dit le sous-prieur: et vous, sir Piercy Shafton, dites-moi pourquoi l'herbe est couverte de sang dans le Corrie-nan-Shian, près de la fontaine, dans l'endroit même où vous dites que vous vous êtes séparés?

Déterminé à ne pas avouer sa défaite s'il pouvait s'en dispenser, le chevalier répondit d'un air de hauteur qu'il n'était pas étonnant de voir du **sang dans** le lieu où des chasseurs avaient tué un daim.

— C'était peu pour vous de le tuer, dit le père Eustache, il paraît que vous lui avez aussi donné la sépulture. Il faut que vous nous appreniez quel est le corps que couvre la terre fraîchement amoncelée sur une fosse qui paraît avoir été ouverte au pied du rocher, à quelques pas de la fontaine, près de l'herbe encore teinte de sang? Vous voyez que vous ne pouvez nous en imposer; montrez donc de la franchise, et avouez-nous que le corps de ce malheureux jeune homme est déposé dans ce tombeau.

— Si cela est, il faut qu'on l'y ait enterré tout vivant,

car je vous jure, révérend père, que ce jeune villageois m'a quitté sans avoir une égratignure. Au surplus, qu'on ouvre cette fosse, et si son corps s'y trouve, je me soumets à telle peine qu'il vous plaira de m'infliger.

— Ce n'est pas moi qui déciderai de votre sort; ce droit appartient à notre révérend abbé et à son chapitre. Je cherche uniquement à remplir mon devoir en recueillant les informations qui peuvent mettre leur sagesse en état de prononcer.

— Si ce n'est pas une demande indiscrète, révérend père, je voudrais savoir quel est celui dont le témoignage a fait naître contre moi des soupçons si mal fondés?

— Cela est fort aisé, et je serais fâché de vous le cacher, si cela peut être utile à votre défense. Miss Avenel, craignant que vous ne couvrissiez sous un air amical un profond ressentiment contre son frère de lait, avait chargé le vieux Martin de suivre vos pas, et d'empêcher qu'il n'arrivât un malheur. Mais il paraît que votre haine pouvait braver les précautions de l'amitié; car lorsque après vous avoir inutilement cherché dans toute la vallée il est arrivé enfin dans le Corrienan-Shian, il a vu l'herbe ensanglantée, et un amas de terre qui semblait couvrir une fosse nouvellement creusée, ce qu'il est venu apprendre à celle qui l'avait envoyé.

— N'y a-t-il pas vu mon pourpoint? demanda sir Piercy: car lorsque je revins à moi j'avais mon manteau, mais mon vêtement de dessous me manquait, comme vous pouvez le voir.

A ces mots il entr'ouvrit son habit, sans réfléchir qu'il montrait en même temps une chemise ensanglantée.

— Homme barbare! s'écria le sous-prieur en voyant ses soupçons se confirmer, nieras-tu encore ton crime, quand tu portes sur toi le sang que tu as versé? nieras-tu que ta main coupable ait privé une mère de son fils, notre communauté d'un de ses vassaux, la reine d'Écosse d'un de ses sujets? Que peux-tu espérer encore? Le moins que nous puissions faire, c'est de te livrer à l'Angleterre comme indigne de notre protection.

— De par tous les saints! dit le chevalier poussé dans ses derniers retranchemens, si ce sang s'élève en témoignage contre moi, c'est un sang rebelle, car il coulait encore dans mes veines ce matin au lever du soleil.

— Comment cela est-il possible, sir Piercy? je ne vois aucune blessure d'où il aurait pu couler.

— C'est vraiment là que gît le mystère, mais voyez!

En même temps il entr'ouvrit ses vêtemens, lui montra sa poitrine, et lui fit voir l'endroit où l'épée d'Halbert l'avait percé : mais la blessure était déjà cicatrisée, et avait l'air d'être fermée depuis quelque temps.

— Vous abusez de ma patience, sire chevalier, s'écria le sous-prieur, et c'est couronner par une insulte un acte de violence. Me prenez-vous pour un enfant ou pour un insensé, en cherchant à me faire croire que le sang encore tout frais dont votre linge est taché est celui d'une blessure guérie depuis plusieurs semaines, peut-être depuis plusieurs mois? Croyez-vous m'aveugler ainsi? Je ne sais que trop que ce sang qui vous accuse est celui de votre malheureuse victime.

— Révérend père, dit le chevalier après un moment de réflexion, je ne vous cacherai rien; mais faites retirer tout le monde, et je vous dirai tout ce que je sais de cette affaire mystérieuse : ne vous étonnez pourtant pas si elle vous paraît inexplicable, car moi-même je n'y puis rien comprendre.

Le père Eustache dit à Édouard de se retirer avec ses deux satellites, en ajoutant que sa conférence avec le prisonnier ne serait pas de longue durée, et en lui permettant de garder à l'extérieur la porte de l'appartement, permission sans laquelle il aurait difficilement déterminé Édouard à en sortir. Celui-ci n'eut pas plus tôt quitté la chambre, qu'ayant placé en sentinelle à la porte Martin et Jasper, il dépêcha des exprès à deux ou trois familles du voisinage avec lesquelles il était plus particulièrement lié, pour les informer qu'Halbert Glendinning venait d'être tué par un Anglais, et les inviter à envoyer main-forte sans délai à la tour de Glendearg. La vengeance en pareil cas était regardée en Écosse comme un devoir si sacré, qu'il ne doutait pas qu'il ne lui arrivât une force suffisante pour assurer la détention du prisonnier. Il ferma ensuite toutes les portes de la tour. Enfin, après avoir pris toutes ces précautions, il rejoignit sa famille désolée, et chercha à la consoler par des protestations que le meurtre de son frère ne resterait pas impuni.

CHAPITRE XXVII.

« Ce jugement, sheriff, me semble rigoureux.
» Moi, d'un sang illustré par de nobles aïeux,
» Distingué par mon rang comme par ma richesse,
» Je serais détenu dans cette forteresse,
» Pour répondre d'un serf vil, obscur, inconnu,
» Qui pour tout bien enfin n'a pas un quart d'écu ! »

Ancienne comédie.

TANDIS qu'Édouard, dévoré d'une soif ardente de vengeance, passion dont il n'avait jamais montré le moindre symptôme, prenait des mesures pour assurer la punition du prétendu meurtrier de son frère, sir Piercy faisait à contre-cœur des aveux au père Eustache, qui était obligé d'y donner toute son attention ; car la narration du chevalier n'était pas toujours très-claire, son amour-propre l'engageant à supprimer ou à abréger des détails qui auraient été indispensables pour la bien comprendre. On devine que, pour faire un tel récit, il ne manqua pas de reprendre son style affecté.

— Il faut que vous sachiez, révérend père, dit-il, que ce jeune homme rustique, en votre présence, en celle de votre digne supérieur, de miss Avenel que j'appelle ma Discrétion en tout bien et tout honneur, et de plusieurs autres personnes, ayant osé m'insulter grièvement, ce que le temps et le lieu rendaient encore plus intolérable, mon juste ressentiment l'emporta sur ma fierté au point que je me décidai à lui accorder les priviléges de l'égalité, et de lui faire l'honneur de me battre avec lui.

—Mais, sire chevalier, dit le sous-prieur, vous laissez dans l'obscurité deux points très-importans. D'abord, pourquoi la vue de l'objet qu'il vous montra vous a-t-elle blessé si profondément, comme nous nous en sommes tous aperçus; ensuite, comment ce jeune homme, qui ne vous connaissait que depuis la veille, avait-il pu connaître le moyen de produire sur vous une si forte impression?

— Si vous le permettez, révérend père, répondit le chevalier en rougissant, je me dispenserai de répondre à la première question, parce qu'elle n'a nul rapport à ce dont je suis accusé; et quant à la seconde, je n'en sais pas plus que vous à cet égard, si ce n'est qu'il faut que ce jeune villageois ait fait un pacte avec Satan, ce sur quoi nous reviendrons. Or donc pendant la soirée je voilai mes projets sous un front serein, comme c'est notre usage à nous autres enfans de Mars, qui n'arborons jamais sur notre physionomie les couleurs de l'hostilité avant que notre main soit en mesure pour les soutenir par les armes. J'amusai ma belle Discrétion par des *canzonnetes* et d'autres bagatelles qui ne pou-

vaient qu'être très-agréables à son oreille inexpéri-
mentée. Je me suis levé ce matin de bonne heure, et
j'ai rejoint mon antagoniste, qui, pour lui rendre justice, s'est comporté aussi bravement qu'on pouvait le
désirer d'un villageois ignorant. Mais, pour en venir au
combat, je l'ai d'abord tâté par une demi-douzaine de
passes, dans chacune desquelles j'aurais pu le dépêcher
dans le royaume des ombres, si je n'eusse éprouvé de
la répugnance à profiter de son inexpérience; mais cal-
mant par la clémence ma juste indignation, j'avais résolu de ne lui faire qu'une blessure pas trop dangereuse.
Mais au milieu de ma modération, inspiré, je crois,
par le diable, il me fit une seconde insulte du même
genre que la première. Alors j'avoue que je n'ai plus
rien ménagé, et que je lui ai porté un coup d'estrama-
çon qui devait le fendre en deux. Mon pied ayant glissé
en même temps, ce qu'on ne peut regarder comme une
faute en escrime de ma part, ni comme une preuve
d'adresse de la sienne, mais plutôt comme une marque
que le diable avait la main dans cette affaire, son sabre,
avant que je pusse me remettre en position, a rencontré
ma poitrine, qui n'était plus défendue, et m'a percé,
je crois, de part en part. Mon jeune homme, épou-
vanté en quelque sorte d'un succès si peu attendu et si
peu mérité, prend la fuite, m'abandonne, et je perds
connaissance par suite de la perte d'un sang que j'avais
si follement prodigué. Lorsque je suis revenu à moi, il
m'a semblé que je m'éveillais d'un profond sommeil;
j'avais mon manteau que j'avais ôté ainsi que mon pourpoint, pourpoint dont je ne puis m'empêcher de re-
gretter la perte, et j'étais au milieu d'un massif de
bouleaux à environ cent pas de l'endroit où nous nous

étions battus, surpris de n'éprouver que de la faiblesse
sans aucun sentiment de douleur. J'ai mis la main sur
ma blessure; elle était guérie et cicatrisée, comme vous
venez de le voir. Enfin je me lève, je reviens ici, et
voilà l'histoire de toute ma journée.

— Tout ce que je puis répondre à un récit si étrange,
dit le père Eustache, c'est qu'il n'est guère possible que
sir Piercy Shafton espère que j'y ajoute foi. Une querelle dont vous cachez la cause, une blessure reçue le
matin et parfaitement guérie le soir, un tombeau dans
lequel il ne se trouve personne, le vaincu vivant et bien
portant, le vainqueur disparu sans qu'on sache ce qu'il
est devenu; toutes ces circonstances, sire chevalier, ne
sont pas de nature à être crues comme l'Évangile.

— Je vous prie d'observer, révérend père, que si
j'ai bien voulu vous donner l'explication que vous dési-
riez, je ne l'ai fait que par déférence pour votre habit,
et qu'à l'exception d'un prêtre, d'une dame ou de mon
souverain, je ne prouve à personne ce que j'ai une fois
avancé, autrement qu'avec la pointe de mon épée.
Après vous avoir fait cette déclaration, je n'ai plus qu'à
vous attester sur mon honneur et sur ma religion que
tout ce que je vous ai dit est la pure vérité.

— Cette assertion est très-forte, sire chevalier; mais
ce n'est qu'une assertion, et vous ne pouvez m'alléguer
de motif qui me fasse croire des choses contraires à la
nature et à la raison. Permettez-moi de vous demander
si le tombeau qu'on a vu dans l'endroit où votre combat a eu lieu était ouvert ou fermé lorsque vous y êtes
arrivé?

— Je ne vous cacherai rien, révérend père : je veux
vous montrer le fond de mon cœur, comme une fon-

taine bien pure fait voir au fond de ses eaux limpides jusqu'au plus petit caillou qui s'y trouve ; et de même .que.....

— Parlez clairement, au nom du ciel ; ces phrases recherchées ne conviennent pas à des affaires sérieuses. La tombe était-elle ouverte avant votre combat ?

— Oui, révérend père, j'en conviens ; de même que je conviendrais.....

— Épargnez-moi vos comparaisons, mon fils, et écoutez-moi. Hier soir il n'y avait point de tombe ouverte en cet endroit, car le vieux Martin y avait passé en cherchant des bestiaux égarés. D'après votre aveu, elle se trouvait préparée à la pointe du jour ; un combat a eu lieu tout auprès ; un seul des combattans reparaît : il est couvert de sang, quoique en apparence sans blessure ; la tombe est fermée et recouverte de terre. Que pouvons-nous croire, si ce n'est qu'elle couvre le corps de celui qui a succombé ?

— De par le ciel, cela est impossible, s'écria le chevalier, à moins que le jeune villageois n'ait eu la malice de se tuer et de s'enterrer lui-même afin de me faire passer pour son meurtrier.

— Le tombeau sera bien certainement ouvert demain matin, dit le sous-prieur, et j'assisterai moi-même à son ouverture.

— Mais je vous déclare, révérend père, que je proteste contre toutes les inductions qu'on pourrait tirer contre moi de ce qui s'y trouvera. Que sais-je si le diable ne prendra pas la forme de ce jeune homme pour me mettre dans un nouvel embarras ? car il y a de la diablerie dans tout ce qui m'arrive depuis que je suis dans ce pays. Moi qui étais respecté par les hommes les plus élevés en dignité de la cour de Félicia, je me vois insulté par un méprisable paysan. Moi que Vincentio Saviola citait comme le plus agile et le plus adroit de ses élèves, je reçois, pour parler net, un coup d'épée à travers le corps, d'un jeune vacher qui ne connaît pas un seul principe d'escrime. Quand je reviens à moi, je me trouve à cent pas du lieu où j'étais tombé, ma blessure est guérie, et il ne me manque que mon pourpoint que le diable qui m'a transporté a sans doute oublié, et que je voudrais bien qu'on cherchât avec soin, car c'est un superbe pourpoint doublé de satin que je portai pour la première fois le jour de la fête que la reine donna à Southwark.

— Vous vous écartez étrangement du but, sire chevalier. Je vous interroge sur ce qui touche la vie d'un homme, et vous me répondez en me parlant d'un vieux pourpoint!

— Vieux! de par tous les saints, je ne l'ai porté que trois fois, et je vous permets de me traiter de menteur s'il en est un plus élégant, plus riche et mieux coupé dans toute la cour d'Angleterre.

Quelque étrange que fût cette aventure, le souvenir de ce qui lui était arrivé, ainsi qu'au père sacristain, quelques années auparavant, faisait que le sous-prieur ne savait trop ce qu'il devait en croire. Il se contenta de demander au chevalier s'il n'avait pas encore d'autres motifs pour attribuer son aventure à la sorcellerie.

— Il me reste à vous parler, lui répondit-il, de la circonstance la plus extraordinaire, d'un fait qui suffirait seul pour démontrer que je suis sous l'influence d'un puissant maléfice. Je ne suis pas dans l'habitude de me vanter des faveurs des dames, et ma réputation est si bien faite à cet égard, qu'une des plus brillantes constellations qui font leur révolution dans l'empyrée de la cour me nommait sa Taciturnité : cependant, sire sous-prieur, je dois ici vous dire la vérité ; il faut que vous sachiez que par la tendre délicatesse des égards, par le choix exquis des complimens flatteurs, par toute l'artillerie des petits soins, par une attention soutenue à l'affaire importante de la toilette, j'ai tellement réussi auprès du beau sexe, que je puis me flatter d'avoir toujours vogué à pleines voiles sur l'océan de ses bonnes graces. Comment donc se fait-il qu'ayant rencontré dans ce lieu sauvage une jeune fille à qui sa naissance me permettait d'adresser quelques propos galans, ne voulant pas d'ailleurs perdre l'habitude du style brillant en faveur auprès des belles, ayant même daigné la nommer ma Discrétion, plutôt par indulgence de ma part qu'à cause de son mérite ; de même qu'un chasseur qui ne voit pas de gibier tire sur un corbeau plutôt que de rentrer sans avoir déchargé son fusil ; comment, dis-je.....

— Miss Avenel vous a sans doute beaucoup d'obligations, dit le sous-prieur ; mais à quoi nous conduit tout ce détail de vos galanteries passées et présentes?

— A vous prouver qu'il faut qu'elle ou moi soyons ensorcelés, puisqu'au lieu de recevoir avec plaisir et reconnaissance des politesses dont la moindre eût fait tressaillir le cœur des plus fières beautés de la cour de Félicia, elle les a écoutées avec la même indifférence que si elles lui avaient été débitées par quelque manant de ces environs. Aujourd'hui même, tandis que le genou plié devant elle je lui prodiguais le secours d'une quintessence admirable, elle me repoussait et se détournait, comme si elle eût eu devant les yeux quelque objet désagréable et hideux. Vous conviendrez que tous ces faits ne sont pas dans le cours naturel et ordinaire des choses, et qu'on ne peut les expliquer qu'en les attribuant à la magie et à la sorcellerie. Maintenant, ayant rendu à Votre Révérence un compte simple, complet et véridique de tout ce qui s'est passé, je lui laisse le soin d'en tirer telle conclusion que bon lui semblera : quant à moi, je suis déterminé à partir pour Édimbourg demain à la pointe du jour.

— Je serais fâché de mettre obstacle à vos projets, sire chevalier, mais l'exécution de celui-ci me paraît difficile.

— Difficile, révérend père ! il faut pourtant qu'il s'exécute, puisque je l'ai résolu.

— J'ajouterai donc, sir Piercy, que cela est impossible jusqu'à ce que Sa Révérence l'abbé de Sainte-Marie ait fait connaître son bon plaisir.

— J'ai beaucoup de respect pour votre abbé, dit le chevalier en se redressant d'un air de dignité, et je lui dois de la reconnaissance ; mais en cette occasion ce sera mon bon plaisir que je consulterai, et non celui de Sa Révérence.

— Pardon, sire chevalier, mais je dois vous faire observer que dans cette affaire l'abbé a la voix prépondérante.

Les joues pâles de sir Piercy commencèrent à s'animer un peu. — C'est avec surprise, dit-il, que j'entends Votre Révérence s'exprimer ainsi. Oseriez-vous, à cause de la mort prétendue d'un vassal méprisable, attenter à la liberté d'un membre de la famille des Piercy !

— Ni votre colère, ni votre haut lignage, sire chevalier ne peuvent vous servir en cette occasion. Il ne sera pas dit qu'un homme, qui est venu chercher un asile sur le territoire de Sainte-Marie y aura impunément versé le sang écossais.

— Je vous répète qu'il n'y a eu d'autre sang versé que le mien.

— C'est ce qu'il s'agit de prouver. Nous autres membres de la communauté de Sainte-Marie, nous ne prenons pas un conte de fées en paiement de la vie d'un de nos vassaux.

— Et nous autres membres de la maison de Piercy, nous ne cédons ni aux menaces ni à la contrainte. Je vous déclare que je partirai demain matin.

— Et moi je vous déclare, sire chevalier, que votre départ ne pourra avoir lieu si promptement.

— Qui osera s'y opposer ?

— Croyez-vous qu'il n'existe pas dans les domaines de Sainte-Marie une force suffisante pour vous retenir ?

— Croyez-vous que mon cousin, le comte de Northumberland, ne tirera pas une vengeance éclatante de la manière dont on aura traité un de ses plus proches parens ?

— L'abbé de Sainte-Marie est armé du glaive de la puissance temporelle et spirituelle, et il saura défendre les droits de son territoire. Songez-vous d'ailleurs que, si nous vous faisions conduire demain à votre cousin, il n'oserait se dispenser de vous faire arrêter, et de vous envoyer à la reine d'Angleterre ? Faites attention, sire chevalier, que vous êtes placé sur un terrain glissant, et consentez de bonne grace à rester ici prisonnier jus-

qu'à ce que l'abbé ait fait connaître sa détermination.
Nous avons des hommes en nombre suffisant pour empêcher votre évasion. Armez-vous donc de patience et de
résignation, et soumettez-vous aux circonstances.

A ces mots, il frappa des mains, appela à haute voix ;
et Édouard, qui était de retour à son poste, entra accompagné de deux jeunes gens bien armés.

— Édouard, lui dit le sous-prieur, considérez sir
Piercy Shafton comme un prisonnier confié à vos soins
par l'abbé et le chapitre du monastère de Sainte-Marie.
Veillez à ce qu'il ne lui manque rien ; traitez-le avec la
même civilité que s'il ne se fût rien passé entre vous ;
mais qu'il ne sorte pas de cette chambre, et, s'il tentait
de s'échapper, opposez la force à la force ; mais, s'il se
soumet, qu'il ne lui manque pas un cheveu de la tête,
vous en seriez responsable.

— Révérend père, répondit Édouard, afin de vous
obéir, je ne paraîtrai plus en présence de cet homme.
Je rougirais de ne point exécuter vos ordres, mais je ne
rougirais pas moins de laisser un instant impunie la
mort de mon frère.

En parlant ainsi, le sang abandonna ses joues, ses
lèvres devinrent livides, et il allait sortir de l'appartement, quand le sous-prieur le rappela et lui dit d'un
ton solennel : — Édouard, je vous connais depuis votre
enfance ; j'ai fait ce que j'ai pu pour vous être utile ; je
ne vous parle pas de ce que vous me devez comme représentant votre seigneur temporel et spirituel, ni de
la soumission qu'un vassal doit au sous-prieur de
Sainte-Marie ; mais le père Eustache espère que son
élève chéri, qu'Édouard Glendinning, ne se permet-
tra aucun acte de violence contraire aux devoirs d'un

3

chrétien et d'un sujet, quelque motif qu'il croie en avoir.

— Loin de moi, mon digne et respectable père, l'idée de rien faire qui puisse blesser le respect que je dois à la sainte communauté qui a toujours protégé ma famille, et de me porter à aucun acte qui puisse vous faire douter de ma reconnaissance pour toutes vos bontés ; mais le sang de mon frère ne doit pas crier vengeance en vain, et vous connaissez les principes du pays qui nous a donné le jour.

— C'est à moi qu'appartient la vengeance, dit le Seigneur, répondit le père Eustache. La coutume qui règne en cette contrée de se venger par ses propres mains de la mort d'un parent ou d'un ami, a fait couler en Écosse des torrens de sang. Il serait impossible d'en énumérer toutes les funestes conséquences ; sur la frontière de l'est, les Homes sont en guerre avec les Swintons ; dans celle du midi, les Scotts et les Kerrs ont répandu plus de sang dans des querelles domestiques, que n'aurait pu en faire couler une bataille livrée en Angleterre ; dans l'ouest, les Johnstones ont juré une haine à mort aux Maxwells, et les Bells aux Jardines. L'élite de notre jeunesse, qui devrait être un rempart contre les ennemis étrangers, voit ses rangs éclaircis par des combats particuliers, dont le résultat est toujours d'amener la dévastation de la terre natale. Ne souffrez pas, mon cher Édouard, que ce fatal préjugé s'empare de votre esprit. Je ne vous demande pas de réfléchir à cette affaire, comme si elle vous touchait de moins près : je sens que cet effort est impossible. Mais, plus vous éprouvez de douleur de la mort de votre frère, mort qui pourtant n'est encore qu'une supposition,

plus vous devez désirer d'obtenir des preuves com-
plètes contre celui qui est accusé d'en être l'auteur. Sir
Piercy vient de me conter des choses extraordinaires,
que je n'aurais pas hésité un instant à rejeter comme
incroyables, sans le souvenir d'une aventure qui m'est
arrivée à moi-même dans cette vallée. Mais ce n'est pas
le moment d'en parler : qu'il me suffise de vous dire
que, quelque invraisemblables que paraissent les événemens dont je viens d'entendre le récit, ma propre expérience m'empêche de les déclarer impossibles.

— Mon père, dit Édouard quand il vit que le père
Eustache s'arrêtait sans vouloir expliquer les motifs
qui lui rendaient probable l'histoire de Piercy Shafton; mon père, car vous avez été pour moi un véritable
père, vous savez que ma main saisissait toujours avec
plus de plaisir un livre qu'un sabre. Je n'avais pas l'esprit martial et entreprenant qui distinguait... Ici la voix
lui manqua; mais, après un intervalle de quelques instans, il ajouta avec vivacité : — Tout est changé aujourd'hui; je suis le représentant de mon frère, de mon
père, et tenu d'agir comme ils l'auraient fait eux-mêmes.
Je vous déclare donc, mon père, avec respect, mais
avec fermeté, que le sang de cet homme me répondra
de celui de mon frère, s'il a été répandu par ses mains.
J'attendrai avec patience le jugement que l'abbé et son
chapitre prononceront sur le meurtre d'un de leurs anciens vassaux. S'ils rendent justice à la mémoire de mon
frère, Dieu soit loué ! Si le rang de cet homme est une
protection pour lui, mon bras se chargera de son châtiment. Celui qui recueille la succession de son frère doit
venger sa mort.

Le sous-prieur ne vit pas sans surprise qu'Édouard,

malgré sa déférence et son humilité habituelles, n'en conservait pas moins dans son cœur les principes erronés de ses ancêtres et des gens parmi lesquels il vivait. Ses yeux étincelaient, tous ses membres frémissaient, et l'on aurait pris pour l'expression du plaisir la soif de vengeance qui animait tous ses traits.

— Que le ciel nous protège ! dit le père Eustache : faibles créatures que nous sommes ! combien il nous est difficile de résister à de violentes tentations ! Édouard, donnez-moi votre parole que vous ne ferez rien avec une précipitation téméraire. J'y compterai.

— Je vous ai dit, mon père, que j'attendrai le jugement. Mais le sang de mon frère, les larmes de ma mère et... celles de Marie Avenel n'auront pas coulé en vain. Je ne vous tromperai pas, mon père ; si ce Piercy Shafton a tué mon frère, il périra, quand tout le sang des Piercy coulerait dans ses veines.

L'air et le ton dont Édouard prononça ces paroles annonçaient une résolution ferme et solennelle que rien ne pourrait ébranler. Le sous-prieur soupira, et céda aux circonstances. Il fit apporter des lumières, et se promena quelque temps en silence dans l'appartement.

Mille idées se succédaient, se combattaient tour à tour dans son esprit. Sa raison se refusait à croire le récit que lui avait fait sir Piercy de la guérison miraculeuse de sa blessure, et cependant, comme nous l'avons déjà remarqué, ce qui lui était arrivé à lui-même ainsi qu'au père sacristain, dans cette même vallée, ne lui permettait pas de le traiter positivement d'imposture. Il ne savait comment contenir dans de justes bornes l'affection fraternelle d'Édouard, à l'égard duquel il se trouvait dans une situation que le chevalier anglais aurait pu comparer à celle du gardien d'un animal sauvage, tel qu'un lion ou un jeune tigre, apprivoisé dans son enfance, mais qui, rendu à sa férocité naturelle par quelque circonstance imprévue, n'écoute plus la voix de son maître, et menace même la main qui le nourrit.

Comment calmer cette soif de vengeance à laquelle l'exemple et les mœurs du pays donnaient une nouvelle force ? Cette réflexion était déjà une source d'inquiétudes bien suffisante. Mais combien d'autres venaient s'y joindre! Le sous-prieur avait aussi à considérer la situation de sa communauté. Elle se dégradait, et se déshonorait si elle laissait impuni le meurtre d'un de ses vassaux; car il ne pouvait regarder que comme un meurtre la mort d'un jeune homme sans aucune expérience dans la science des armes, tué en duel par un chevalier qui en faisait sa profession. Cette faiblesse pouvait d'ailleurs exciter à la révolte les vassaux de l'abbaye, sous prétexte qu'elle ne leur assurait pas protection et sûreté. D'une autre part, si l'on procédait suivant toute la rigueur des lois contre un proche parent de la famille des Piercy, alliée à toutes les grandes maisons du Northumberland, ce serait une occasion pour eux de faire une incursion sur les domaines de Sainte-Marie, et ils ne manqueraient pas d'en profiter.

Quoi qu'il en fût, le sous-prieur savait bien qu'une fois un prétexte de guerre, d'insurrection ou d'incursion, mis en avant, l'affaire ne serait réglée ni par la raison ni par l'évidence; et il gémit au fond du cœur lorsque, en calculant les chances de ce dilemme embarrassant, il trouva qu'il n'avait de choix qu'entre des difficultés également insurmontables.

Il était moine, mais il était homme aussi; et, comme tel, il ne pouvait qu'éprouver une juste indignation contre l'assassinat supposé du jeune Glendinning par un homme habile dans la pratique de l'escrime, science dans laquelle le vassal d'Église ne pouvait guère être aussi adroit. A l'appui de son ressentiment et des regrets que lui inspirait un jeune homme qu'il connaissait depuis son enfance, l'affront fait à sa communauté parlait hautement à son cœur, et le révoltait contre une impunité déshonorante pour elle. Venait ensuite la réflexion de la manière dont la cour d'Écosse prendrait la chose; cette cour aujourd'hui attachée à la cause de la réforme, et alliée avec Élisabeth par un culte et des intérêts communs. Le sous-prieur n'ignorait pas combien ceux qui présidaient au gouvernement étaient avides des revenus de l'Église, et avec quel empressement ils saisiraient un prétexte comme celui de l'impunité accordée au meurtrier catholique d'un Écossais pour envahir les domaines de Sainte-Marie.

D'un autre côté, livrer à l'Angleterre, ou, ce qui était la même chose, à la cour d'Écosse, un chevalier anglais, lié aux Piercy par la parenté et par des intrigues politiques, un fidèle serviteur de l'Église catholique, qui était venu chercher un asile dans les terres du monastère, c'était aux yeux du sous-prieur une action indigne, capable d'attirer sur tous les moines la malédiction du ciel et la colère des Piercy. Si le gouvernement était presque tout entier entre les mains du parti protestant, la reine était toujours catholique, et l'on ne savait pas si, dans les divers changemens auxquels était exposé un royaume agité comme l'Écosse, elle ne se retrouverait pas quelque jour à la tête des affaires, et en état de protéger ses fidèles sujets. D'ailleurs, si la cour et la reine d'Angleterre étaient zélés pour le protestantisme, les comtés du nord, dont l'amitié ou l'inimitié étaient de la plus grande conséquence pour la communauté, les comtés du nord contenaient encore beaucoup de catholiques, dont les chefs étaient à même de venger la cause de sir Piercy Shafton.

Tout en repassant ainsi dans son esprit les différens dangers qui pouvaient résulter de cette aventure imprévue, le sous-prieur aurait bien voulu voir aussi clairement les moyens de les écarter. Mais tout ce qu'il put faire pour le moment fut de prendre la résolution d'imiter la conduite du courageux pilote, qui, pendant la tempête, ne quitte pas le gouvernail, cherche à éviter les écueils contre lesquels son navire menace de se briser, et abandonne le reste au ciel et à sa patronne.

Comme il sortait de l'appartement, le chevalier le rappela pour lui dire que, comme il devait passer la nuit dans cette salle, il le priait de donner ordre qu'on lui apportât ses malles, attendu qu'il désirait changer quelque chose à son costume.

— Oui, oui, on vous les enverra, répondit le père Eustache. La vue de ses pourpoints et de ses joyaux, ajouta-t-il en descendant l'escalier, le consolera de sa détention et la lui fera même oublier. Mais j'ai une tâche plus intéressante et plus difficile à remplir, celle de porter des consolations à une mère qui pleure la perte de son premier-né.

En arrivant dans la grande salle, où se réunissait or-

dinairement toute la famille, il apprit que Marie Avenel, sérieusement indisposée, s'était mise au lit. La
veuve Glendinning et Tibbie se livraient à leur chagrin
au coin d'un feu presque éteint, sans autre lumière
qu'une petite lampe de fer où l'huile était près de manquer. La pauvre Elspeth avait la tête couverte de son
tablier; mais on entendait ses sanglots, et les regrets
qu'elle donnait à son brave Halbert, l'image vivante de
son cher Simon, le soutien et la consolation de ses vieux
jours.

La fidèle Tibbie lui servait d'écho, mais ses plaintes
étaient plus bruyantes, et elle les entremêlait de menaces de vengeance. — Tant qu'il resterait en Écosse
un homme en état de manier la lance, et une femme capable de filer une corde..... La présence du sous-prieur
lui imposa silence, et s'asseyant près de la malheureuse
mère, il employa tour à tour le secours de la religion
et de la raison pour apporter quelque adoucissement à
son chagrin; mais il ne put y réussir. Elle l'écouta
pourtant avec quelque intérêt, lorsqu'il lui promit que
le monastère, pour indemniser la famille de la perte
cruelle occasionée par un hôte qu'il lui avait envoyé,
accorderait en faveur d'Édouard de nouveaux privilèges au fief de Glendearg, et y attacherait des terres
plus considérables. Mais ce ne fut que pour quelques
instans que cette idée fit diversion à sa douleur. Elle se
reprocha même d'avoir donné une pensée aux biens de
ce monde, tandis que son pauvre Halbert n'en pouvait
plus jouir. La voix du consolateur ne fut pas écoutée, et
il fallut laisser au chagrin son cours naturel.

CHAPITRE XXVIII.

_____

« Il est en liberté ! c'est à moi qu'il le doit !
» Les lois de m'en punir peut-être auront le droit :
» Mais qu'importe ? mon nom vivra dans la mémoire
» D'un sexe qui ne veut d'autre titre à la gloire
« Qu'un cœur compatissant et plein d'humanité.
» Je périrai martyr, et non sans fermeté. »

Les deux nobles parens.

Le sous-prieur de Sainte-Marie, en sortant de la salle qui devait servir de prison à sir Piercy, où l'on faisait alors les préparatifs nécessaires pour qu'il pût y passer la nuit, laissait derrière lui plus d'une personne dans l'embarras.

La chambre de Marie Avenel n'était qu'un cabinet communiquant à la salle à manger. Nous avons vu dans le chapitre précédent toute la famille y accourir, lorsqu'elle poussa un grand cri en apprenant la fatale nou-

velle que Martin était venu lui annoncer; mais ce cabinet n'étant éclairé que par une lucarne, on avait porté
Marie près d'une fenêtre de la salle à manger ; tout
le monde l'y avait suivie, et c'était dans cette dernière
pièce que le sous-prieur avait fait subir au chevalier
anglais son interrogatoire. Enfin on avait jugé à propos
de l'y confiner, parce qu'il était plus facile de l'y sur-
veiller que dans l'appartement qu'il occupait. Ce cabinet, quelque petit qu'il fût, avait été partagé par Marie
avec Mysie Happer; car anciennement, comme aujour-
d'hui encore, les maisons en Écosse étaient moins
grandes que l'hospitalité des propriétaires, et lorsqu'il
y arrivait plus d'hôtes qu'on n'en attendait, il fallait
recourir à quelque expédient pour les loger.

La funeste nouvelle de la mort d'Halbert Glendinning avait jeté la confusion dans toute la maison. Marie
Avenel, dont l'état exigeait une attention immédiate,
avait été transportée dans l'appartement qu'occupaient
ordinairement Halbert et Édouard, ce dernier ayant
résolu de ne pas se coucher de toute la nuit, et de veiller à la porte du prisonnier. Personne n'avait songé à
la pauvre Mysie, et elle s'était retirée assez naturellement dans un cabinet qui lui servait de chambre à
coucher, ignorant que la salle à manger, qui offrait
le seul chemin pour y arriver comme pour en sortir,
allait être occupée toute la nuit par le chevalier anglais.
Les mesures prises pour changer cette pièce en prison
avaient été si soudaines, qu'elle n'en fut instruite qu'à
la fin de la conversation qui eut lieu entre le sous-
prieur, Édouard et sir Piercy, et dont elle ne perdit
pas un mot, quoiqu'elle n'eût pas eu d'abord l'intention
de l'écouter.

Ayant perdu l'occasion de se retirer en même temps que les autres femmes, la timidité l'empêcha de sortir tant que le père Eustache resta dans l'appartement. Elle craignit qu'on ne l'accusât d'être restée pour satisfaire une curiosité indiscrète, elle voulut attendre la fin de la conférence; mais lorsqu'elle fut terminée, le bruit de la porte, qu'elle entendit fermer à double tour, lui apprit qu'elle ne pouvait plus se retirer incognito, et elle cessa même bientôt de le désirer.

Par la lucarne du cabinet où elle était, elle avait vu arriver à la tour un assez grand nombre de jeunes gens bien armés qui s'y rendaient sur l'invitation qu'Édouard leur en avait faite. Cette circonstance lui fit concevoir la crainte que la vie de sir Piercy Shafton ne fût dans un danger imminent. Le cœur d'une femme est naturellement ouvert à la compassion, et surtout lorsque celui qui l'excite est un jeune homme de bonne mine. La figure agréable, la mise élégante et les discours recherchés du chevalier anglais n'avaient produit aucun effet sur l'esprit noble et élevé de Marie Avenel, mais avaient ébloui l'imagination de la pauvre meunière et fait une vive impression sur son cœur. Sir Piercy s'en était aperçu, et flatté de la voir rendre justice à son mérite, il lui avait prodigué plus de complimens qu'elle n'avait droit d'en attendre, à ce qu'il pensait, d'après le rang qu'elle occupait dans la société. Mysie, sentant son infériorité, les avait reçus avec reconnaissance, et ce sentiment se joignant aux craintes qu'elle concevait pour la sûreté du chevalier, firent en ce moment de grands ravages dans un jeune cœur naturellement tendre.

— Certainement il a eu grand tort de tuer Halbert, se disait-elle à elle-même; mais, après tout, c'est un

homme de grande naissance, un militaire, et il est
si doux, si poli, qu'il faut que ce soit le jeune Glendinning qui lui ait cherché querelle; car tout le monde
sait que les deux frères sont tellement amoureux de
Marie, qu'ils ne regarderaient pas une jeune fille dans
toute l'étendue des domaines de Sainte-Marie; non,
pas plus que s'ils étaient d'une espèce différente. Halbert avait un air fier et hautain, quoiqu'il fût un vrai
paysan; et faut-il que ce pauvre Anglais, qui se met
comme un prince, qui est banni de son pays, à qui une
mauvaise tête a cherché querelle, soit maintenant persécuté, et peut-être même mis à mort par les parens
et les amis de ce jeune rustre?

Cette pensée fit couler les larmes de Mysie; et son
cœur prenant le parti d'un étranger sans défense, qui
s'habillait si bien, et qui disait de si belles choses, elle
commença à chercher si elle ne pourrait pas lui être
utile dans cette extrémité.

Elle ne s'était occupée d'abord qu'à réfléchir sur le
moyen de sortir sans être aperçue du cabinet; mais alors
elle finit par croire que le ciel l'y avait laissée pour sauver un étranger persécuté. Elle était d'un caractère
simple et affectueux, mais en même temps vif et entreprenant; et si elle était disposée à écouter avec trop de
complaisance les propos galans, et à se laisser éblouir
par une mise recherchée, d'une autre part, elle était
douée de plus de force et de courage que les femmes
n'en ont ordinairement. — Je le sauverai, pensa-t-elle,
c'est une chose résolue, et nous verrons alors ce qu'il
dira à la pauvre fille d'un meunier, qui aura fait pour
lui ce que n'auraient osé faire toutes les belles dames
de Londres et d'Holyrood.

Pendant qu'elle s'abandonnait à la pensée de ces projets hasardeux, la prudence lui représenta que plus la reconnaissance de sir Piercy Shafton serait vive, plus elle ferait courir de danger à sa bienfaitrice. Hélas ! pauvre prudence, tu peux bien dire avec le poète moraliste :

J'ai beau prêcher, je prêche en vain.

Tandis que ta voix secrète lui donnait cet avis contrariant, la jeune meunière jeta les yeux sur le petit miroir près duquel elle avait placé sa lampe, et y vit des traits auxquels il était difficile de ne pas rendre justice, des yeux brillans en tout temps, mais qui en ce moment étincelaient de ce feu qui anime ceux qui osent concevoir et se préparent à exécuter quelque trait de hardiesse et de générosité.

— Ces traits, ces yeux et le service que je vais lui rendre, ne feront-ils rien pour diminuer la distance qui nous sépare?

Telle fut la question adressée par la vanité à l'imagination, qui n'osa même pas y répondre affirmativement.
— Secourons-le d'abord, pensa-t-elle, et fions-nous à la fortune pour le reste.

Bannissant donc de son esprit tout ce qui lui était personnel, Mysie ne songea plus qu'aux moyens d'exécuter son entreprise.

Les difficultés qui s'y opposaient n'étaient pas d'une nature ordinaire. L'amour de la vengeance, ce sentiment général dans toute l'Écosse, avait fait prendre toutes les mesures possibles pour empêcher l'évasion du prisonnier; Édouard, quoique d'un naturel doux et paisible, aimait trop son frère pour ne pas venger sa mort comme les mœurs du pays semblaient l'y autoriser. Il fallait ouvrir, pour sauver le chevalier, la porte de l'appartement où il était enfermé, les deux portes de la tour et celle de la cour extérieure, avant qu'il pût être en liberté; et ensuite il avait besoin d'un guide, sans quoi comment échapperait-il aux poursuites ? Mais quand une femme a conçu un projet, et qu'elle a bien résolu de l'exécuter, rarement elle est arrêtée par les difficultés, quelque embarrassantes qu'elles puissent être.

Il n'y avait pas encore long-temps que le sous-prieur avait quitté l'appartement du prisonnier lorsque Mysie imagina, pour lui rendre la liberté, un plan hardi à la vérité, mais qui semblait devoir réussir s'il était conduit avec adresse. Pour l'exécuter, il fallait qu'elle attendît l'instant où tous les habitans de la tour seraient plongés dans le repos, à l'exception des sentinelles chargées de veiller sur le prisonnier. Elle employa cet intervalle à écouter ce que faisait l'individu à la sûreté duquel elle se dévouait si généreusement.

Elle l'entendit se promener en long et en large dans sa chambre, se livrant sans doute à des réflexions peu agréables sur sa situation et sur le destin qui pouvait l'attendre. Bientôt le bruit qu'il fit en ouvrant ses malles, l'avertit qu'il allait changer de costume, ou mettre en ordre les vêtemens qu'elles contenaient. Il paraît que cette occupation rendit un peu de sérénité à son esprit; car, s'étant remis à se promener, il débita un sonnet, siffla une courante, et fredonna une sarabande. Enfin elle l'entendit se jeter sur une espèce de lit de camp qu'on lui avait préparé, et la cessation de toute espèce de bruit lui fit bientôt conclure qu'il était endormi.

Pendant le peu de momens qui lui restaient, elle s'occupa à envisager son entreprise sous différens aspects. Elle était dangereuse sans doute, mais c'était en considérant d'avance et avec fermeté les périls auxquels elle allait s'exposer, qu'elle pouvait imaginer quelque moyen de les éviter. L'amour et la pitié, sentimens qui ont tant d'empire sur le cœur d'une femme, étaient réunis dans le sien, et la déterminaient à braver tous les dangers.

Il était une heure après minuit. Tout dormait profondément dans la tour, à l'exception des jeunes amis de Glendinning qui veillaient à la porte du prisonnier ; ou si le chagrin bannissait le sommeil du lit de la pauvre Elspeth ou de la bonne Marie Avenel, elles étaient trop absorbées dans leur douleur pour faire attention à autre chose. Mysie ouvrit d'une main tremblante la porte qui séparait son cabinet de la chambre où était le chevalier, et elle fut sur le point de renoncer à son projet, quand elle se vit dans la même chambre que le prisonnier endormi. Il s'était mis sur son lit tout habillé. Elle n'eut pas le courage de jeter les yeux sur lui ; et, détournant la tête, elle tira doucement son habit pour l'éveiller. Il se mit sur son séant ; et, la reconnaissant, il était sur le point de faire une exclamation de surprise.

Les craintes de Mysie l'emportèrent sur sa timidité. Elle mit un doigt sur ses lèvres pour lui recommander le silence, et avançant ensuite la main vers la porte, elle lui fit comprendre qu'elle était gardée.

Sir Piercy Shafton continuait à regarder d'un air d'é·

tonnement la jeune et charmante fille qui se trouvait si inopinément devant ses yeux. La faible clarté de la lampe qu'elle tenait à la main prêtait un nouveau charme à sa taille élégante, à ses beaux cheveux, à ses traits pleins de grace, et à la blancheur de son teint. Il se préparait à lui adresser quelque phrase étudiée convenable à la circonstance, mais elle ne lui en laissa pas le temps.

— Je viens pour vous sauver la vie, lui dit-elle, car elle est en péril. Si vous avez à me répondre, que ce soit à voix basse, on a placé des hommes armés en sentinelle à votre porte.

— O la plus aimable des meunières ! dit sir Piercy, recevez mes actions de grace pour votre courtoisie, mais ne craignez rien pour ma sûreté. Croyez-en ma parole, je n'ai pas répandu la vile liqueur rouge qui coule dans les veines du jeune villageois dont on me reproche la mort, et par conséquent je n'ai aucune inquiétude sur les suites de cette affaire.

— Je ne mérite pas de remerciemens, sire chevalier, reprit Mysie en parlant si bas qu'il l'entendait à peine, à moins que vous ne suiviez mes conseils. Édouard a envoyé chercher plusieurs jeunes gens du voisinage. J'ai reconnu parmi eux Dan d'Howlet-hirst, et Ady d'Aikenshaw ; ils sont armés d'arcs et de javelines, et je les ai entendus dire à Édouard en arrivant qu'ils vengeraient la mort d'Halbert quand tous les capuchons du monde voudraient s'y opposer. Les vassaux n'en font qu'à leur tête aujourd'hui, et l'abbé n'ose pas trop leur résister, de peur qu'ils ne se fassent hérétiques, et qu'ils ne refusent le paiement des dîmes.

— Dans le fait, c'est une forte tentation, dit le chevalier, et peut-être les moines eux-mêmes ne seraient-ils

pas fâchés de se débarrasser de moi, en me livrant pieds
et poings liés aux gouverneurs de la frontière anglaise,
sir John Foster ou lord Hunsdon, et en faisant ainsi
la paix à mes dépens avec leurs vassaux et avec l'Angleterre. Ainsi donc, ma belle Molinara, le plus bel esprit
de la cour de Félicia renonce à faire usage de son génie
pour obéir à l'impulsion du vôtre; et si vous parvenez
à me tirer de ce misérable chenil, je célébrerai vos talens et vos charmes de telle sorte que la boulangère de
Raphaël d'Urbain ne paraîtra qu'une Égyptienne auprès
de ma meunière.

— Silence, je vous en prie, dit Mysie, car si l'on
s'aperçoit que vous ne dormez pas, mon projet ne peut
s'exécuter; et c'est grace à Dieu et à la sainte Vierge
qu'on ne nous a pas déjà entendus et découverts.

— Je suis silencieux comme l'astre des nuits, répondit sir Piercy; cependant, belle meunière, non moins
bonne que belle, si votre projet vous exposait au moindre risque, il serait indigne de moi d'accepter votre secours.

— Ne pensez pas à moi, répliqua Mysie; je n'ai rien
à craindre; je songerai à moi quand je vous verrai hors
d'un lieu où vous êtes entouré de dangers. Si vous voulez prendre avec vous quelques hardes, quelques effets,
ne perdez pas de temps.

Le chevalier en perdit pourtant un peu avant de pouvoir se résoudre à prendre et à abandonner telle ou
telle partie de sa garde-robe. Mysie lui laissa quelques
instants de loisir pendant qu'elle faisait elle-même ses
préparatifs de départ; mais lorsqu'elle revint, et qu'elle
le trouva encore dans la même indécision, elle insista
fortement pour qu'il se disposât à tenter l'aventure sur-

4.

le-champ, ajoutant que sans cela il fallait y renoncer. Le chevalier désolé, pressé de cette manière, fit à la hâte un paquet de ses joyaux et de quelques vêtemens ; et, regardant pour la dernière fois ses deux malles avec une expression muette de chagrin, il déclara qu'il était prêt à suivre sa tout aimable conductrice.

Elle marcha vers la porte de l'appartement en lui faisant signe de se tenir derrière elle, et y frappa doucement deux ou trois fois, après avoir éteint sa lampe. Édouard Glendinning l'entendit enfin, et demanda pourquoi l'on frappait.

— Parlez plus bas, dit Mysie, ou vous éveillerez le prisonnier. C'est moi, c'est Mysie. Je veux sortir. Vous m'avez enfermée ici, et j'ai été obligée d'attendre que l'Anglais fût endormi.

— Enfermée ! répéta Édouard avec surprise.

— Oui, répondit la meunière, on a fermé cette porte tandis que j'étais dans la chambre à coucher de Marie Avenel.

— Eh bien, ne pouvez-vous y rester jusqu'à demain, répliqua Édouard, puisque le hasard l'a voulu ainsi ?

— Quoi ! répondit Mysie d'un ton qui annonçait que sa délicatesse était blessée de cette proposition ; je resterais ici un moment de plus, quand je puis en sortir sans que cet étranger s'en aperçoive ! Pour tous les domaines de Sainte-Marie, je ne resterais pas une minute dans une chambre qui donne dans celle d'un homme quand je puis l'éviter. Pour qui ou pour quoi me prenez-vous ? La fille du meunier Happer n'est pas habituée à mettre en péril sa réputation.

— Eh bien, sortez donc, dit Édouard en ouvrant la porte.

La nuit était fort obscure, et il n'y avait aucune lumière sur l'escalier, ainsi que Mysie s'en était assurée auparavant en regardant par le trou de la serrure. En sortant de la chambre, elle saisit le bras d'Édouard, comme pour s'appuyer, se plaçant ainsi entre lui et sir Piercy Shafton qui la suivait, les pieds nus, ses souliers à la main, et qui descendit doucement l'escalier, tandis que Mysie demandait à Édouard comment elle se procurerait de la lumière.

— Je ne puis vous en aller chercher, lui dit-il, il faut que je reste à mon poste; mais vous trouverez du feu dans la grande salle.

—Eh bien, répondit-elle, je m'assiérai dans le grand fauteuil de votre mère, et j'y passerai le reste de la nuit. Et descendant à son tour, elle entendit Édouard fermer avec précaution la porte de l'appartement où il ne se trouvait plus personne.

Au bas de l'escalier, elle rejoignit l'objet de ses soins, qui attendait ses instructions. Elle lui recommanda le plus profond silence, et pour la première fois de sa vie il parut disposé à s'y condamner de bonne grace. Elle le conduisit avec autant de précaution que s'ils eussent marché sur du verglas, dans un cabinet sombre dont on ne se servait que pour y déposer du bois, et lui dit de se cacher derrière les fagots, et d'y attendre patiemment qu'elle revînt.

Elle se rendit alors dans la grande salle, où elle trouva du feu, alluma une lampe, et ne voulant pas paraître oisive si quelqu'un y entrait, prit une quenouille et se mit à filer. De temps en temps elle allait à la fenêtre pour voir si elle apercevrait les premiers rayons de l'aurore, dont le retour lui était nécessaire

pour achever d'exécuter son projet. Enfin elle vit une
faible clarté naître du côté de l'orient, et joignant les
mains, rendit grace au ciel et pria la sainte Vierge de
lui accorder sa protection pour mettre à fin son entreprise. Ayant ensuite repris sa quenouille pour quelques
instans, elle tressaillit en se sentant frapper sur l'épaule,
et en entendant une voix rude lui dire : — Eh quoi,
Mysie du moulin, déjà à l'ouvrage! Que Dieu bénisse
les jolis yeux qui s'ouvrent de si bonne heure! Mais il
me faut un baiser pour m'étrenner ce matin.

Le galant qui lui adressait ce compliment était Dan
d'Howlet-hirst, et il joignait l'action aux paroles. Il
eut pour récompense un bon soufflet, qu'il reçut d'aussi
bonne grace qu'un merveilleux reçoit en pareil cas un
coup d'éventail, mais qui, appliqué par le bras vigoureux de la meunière, aurait déconcerté un galant
moins robuste.

— Oh! oh! lui dit-elle en même temps, c'est donc
ainsi que vous venez tourmenter les jeunes filles au lieu
de veiller sur votre prisonnier?

— Vous vous trompez, Mysie, répondit Dan, je n'en
ai pas encore la charge. Je vais relever Édouard; et si
ce n'était pas une honte de le laisser plus long-temps à
son poste, je ne pourrais, sur ma foi, me résoudre à
vous quitter d'ici à deux heures.

— Vous aurez tout le temps de me voir, dit Mysie,
et vous devez, en conscience, allez relever de garde le
pauvre Édouard, qui a passé toute la nuit à la porte du
prisonnier, et qui doit avoir besoin de dormir.

— Il me faut encore un baiser auparavant, répondit
Dan.

Mais Mysie était sur ses gardes, et elle fit une si vigoureuse résistance, que le galant, maudissant l'humeur de la meunière, la quitta pour aller relever de garde son camarade. Elle s'avança au bas de l'escalier, l'entendit causer un instant avec Édouard, après quoi celui-ci se retira.

Mysie attendit le petit jour avant d'exécuter le reste de son projet ; alors, allant trouver la nouvelle sentinelle, elle lui demanda les clefs des deux portes de la tour et de celle de la cour.

— Et qu'en voulez-vous faire ? lui demanda Dan d'Howlet-hirst.

— Traire les vaches et les conduire à la pâture. Voulez-vous qu'elles restent dans l'étable toute la matinée ? Songez donc que toute la famille est dans la désolation, et qu'il n'y a que la fille de basse-cour et moi pour songer à tout.

— Et où est la fille de basse-cour ?

— Dans la cuisine, où elle m'attend.

— Eh bien, voilà les clefs, Mysie la méchante.

— Grand merci, Dan bon à rien, répondit la meunière ; et déjà elle était au bas de l'escalier.

Courir au cabinet noir, affubler le chevalier d'un jupon, d'une robe et d'un bonnet de servante dont elle avait eu soin de se munir, fut l'affaire d'un instant ; après quoi, lui disant de la suivre, elle ouvrit les portes intérieure et extérieure, et eut soin de les fermer ensuite au double tour. De là, elle prit le chemin de l'étable. Sir Piercy Shafton lui fit quelques représentations sur le danger que pouvait occasioner ce délai.

— Belle et généreuse meunière, lui dit-il, ne vaudrait-il pas mieux ouvrir la porte de la cour, et partir d'ici au plus vite, comme un couple de mouettes qui

cherchent un rocher favorable pour se mettre à l'abri
de la tempête?

— Il faut faire sortir les vaches, répondit Mysie. Je
ne veux pas que le bétail de la pauvre veuve jeûne toute
la matinée, car je prends mes mesures pour qu'on ne
puisse pas nous poursuivre trop tôt. D'ailleurs il vous
faut votre cheval; ses jambes nous seront utiles pour
nous éloigner plus vite, et elles nous feront bien rega-
gner le temps perdu.

Ouvrant alors l'étable, elle en fit sortir les vaches
pendant que le chevalier sellait son cheval; après quoi
elle ouvrit la porte de la cour dans le dessein d'aller
aussi prendre son palefroi, pendant que les bestiaux
entraient dans la vallée. Toutes ces opérations ne purent se faire sans quelque bruit, et l'oreille vigilante
d'Édouard en fut alarmée. Il se mit à une fenêtre, et
demanda ce qu'on faisait.

Mysie répondit sans hésiter qu'elle faisait sortir les
vaches, attendu qu'il était temps de les conduire au
pâturage.

— Je vous remercie, bonne Mysie, dit Édouard;
mais quelle est donc cette femme qui est avec vous?

Mysie allait répondre, mais sir Piercy, jaloux de
coopérer au grand œuvre de sa délivrance, ne lui en
laissa pas le temps : — Jeune homme bucolique, c'est
moi, répondit-il, moi à qui la digne matrone votre
mère a confié le soin le toutes les Ios de son troupeau.

— Enfer et furies! s'écria Édouard, c'est Piercy
Shafton! Trahison! trahison! Ho! ho! Dan! Martin!
Ady! Jasper! le scélérat va nous échapper!

— A cheval! à cheval! criait en même temps Mysie;

et elle sauta en croupe derrière le chevalier, qui était déjà en selle.

Édouard courut chercher une arbalète, et lança un trait qui siffla aux oreilles de Mysie. — En avant, sire chevalier, en avant, s'écria-t-elle, le second ne nous manquerait peut-être pas. Si c'eût été Halbert qui eût décoché le premier, nous n'aurions pas été loin.

Sir Piercy pressa les flancs de son cheval, qui, s'élançant au milieu des vaches, eut bientôt descendu la colline sur laquelle la tour était située. Entrant alors dans la vallée, le noble animal, malgré son double fardeau, continua à galoper, et les fugitifs furent bientôt hors de portée d'entendre les cris qu'on poussait dans la tour de Glendearg.

C'est ainsi que deux hommes fuyaient en même temps de différens côtés, chacun d'eux accusé d'être le meurtrier de l'autre.

CHAPITRE XXIX.

« Eh quoi ! se pourrait-il qu'il me laissât ici !
» S'il était assez vil pour en agir ainsi,
» Quelle fille en ton sexe aurait donc confiance ? »

Les deux nobles parens.

Le chevalier continua à tenir son cheval au galop,
autant que le chemin le permettait, jusqu'à ce qu'il eût
dépassé la petite vallée de Glendearg pour entrer dans
celle de la Tweed. Sur l'autre bord de la rivière s'élevait
le monastère de Sainte-Marie, dont les tours et les clo-
chers réfléchissaient à peine les premiers rayons du soleil levant, tant cet édifice est situé profondément sous
les montagnes qui s'élèvent au sud.

Tournant sur la gauche, sir Piercy continua à suivre
la rive septentrionale de la Tweed, et il arriva enfin
près de l'écluse qui avait été témoin de l'excursion aqua-
tique du père Philippe.

Le chevalier, dont l'esprit n'admettait guère qu'une idée à la fois, avait toujours avancé sans trop réfléchir où il allait. La vue de l'abbaye lui rappela pourtant qu'il était sur un terrain dangereux, et qu'il ne pouvait s'en éloigner trop tôt. Il pensa aussi à la situation de sa libératrice, car il n'était ni égoïste ni ingrat, et en ce moment il l'entendit sangloter, la tête appuyée sur son épaule.

— Qu'avez-vous donc, ma généreuse Molinara? lui demanda-t-il: y a-t-il quelque chose que Piercy Shafton puisse faire pour prouver sa reconnaissance à sa belle libératrice?

Mysie ne répondit rien, et étendit la main vers l'autre côté de la Tweed sans oser y porter les yeux.

—Expliquez-vous plus clairement, aimable damoiselle, dit le chevalier, car je vous proteste que je ne sais ce que vous voulez dire en étendant ainsi votre joli bras.

— C'est la maison de mon père, répondit-elle d'une voix entrecoupée par ses larmes.

— Et j'allais discourtoisement vous éloigner de votre habitation! s'écria sir Piercy se méprenant sur la cause de ses pleurs. Maudite soit l'heure, où Piercy Shafton, pour veiller à sa propre sûreté, oublierait ce qu'il doit à une femme, et surtout à sa bienfaitrice. Descendez donc, aimable Molinara, à moins que vous ne préfériez que je vous reconduise au moulin de votre père, ce que je suis prêt à faire, au risque d'avoir à braver le courroux de tous les moines et de tous les meuniers de l'univers.

Mysie étouffa ses sanglots, et lui fit entendre avec difficulté qu'elle préférait descendre. Sir Piercy, cham-

5

pion trop dévoué aux dames pour croire qu'il en existât
une seule qui ne méritât pas des attentions respec-
tueuses, indépendamment des droits que Mysie avait
acquis à sa reconnaissance, sauta à bas de son cheval,
et reçut dans ses bras la pauvre fille, qui pleurait toujours. Une fois descendue, elle parut incapable de se
soutenir, ou du moins elle restait immobile, appuyée
sur son bras, comme si elle n'eût su ce qu'elle faisait,
ni ce qu'elle devait faire. Il la conduisit près d'un saule
pleureur qui croissait sur le bord du fleuve, la déposa
sur le gazon, et la conjura de modérer son affliction.
— Croyez-moi, lui dit-il, ma généreuse libératrice,
Piercy Shafton aurait cru acheter trop cher le service
que vous lui avez rendu, s'il s'était imaginé qu'il vous
coûterait tant de larmes. Faites-moi connaître la cause
de votre chagrin ; et, si je puis faire quelque chose pour
le dissiper, croyez que vous avez acquis sur moi assez
de droits pour que j'obéisse à vos ordres comme à ceux
d'une reine. Parlez donc, aimable Molinara ; quels ordres avez-vous à donner à celui qui est en même temps
votre débiteur et votre champion ? Parlez ! que m'or-
donnez-vous ?

— De fuir bien vite et de vous mettre en sûreté, répondit Mysie en faisant un effort pour prononcer ce
peu de mots.

— Mais je ne puis vous quitter, dit le chevalier, sans
vous laisser quelque gage qui vous rappelle mon souvenir.

Si ses larmes lui eussent permis de parler, elle lui aurait répondu qu'elle n'en avait pas besoin, et elle aurait
dit la vérité.

— Piercy Shafton n'est plus riche, continua le chevalier ; mais cette chaîne prouvera du moins qu'il n'est pas ingrat envers sa libératrice.

En même temps, il ôta de son cou la riche chaîne dont nous avons déjà parlé, et la mit dans la main de la pauvre fille, qui ne l'accepta ni ne la refusa, et qui, en proie à des sensations plus pénibles, s'apercevait à peine de ce qu'il faisait.

— Nous nous reverrons, ajouta-t-il, je l'espère du moins. Mais ne pleurez plus, aimable Molinara, si vous m'aimez.

Le chevalier avait prononcé ce mot sans importance et sans y attacher un sens positif ; mais il sonna différemment aux oreilles de Mysie. Elle sécha ses larmes, et quand sir Piercy, avec une courtoisie chevaleresque, se baissa pour l'embrasser en lui faisant ses adieux, elle se leva pour recevoir cette marque de politesse dans une attitude plus respectueuse. Sir Piercy Shafton remonta alors à cheval et se remit en route ; mais à peine avait-il fait quelques pas, que, soit par curiosité, soit par quelque sentiment plus puissant, il se retourna, et vit la fille du meunier appuyée contre l'arbre sous lequel il l'avait laissée, immobile, les yeux tournés vers lui, et ayant toujours la chaîne suspendue à sa main comme il l'avait placée, sans paraître y faire attention.

Ce ne fut qu'alors que le chevalier conçut de forts soupçons sur l'état du cœur de Mysie, et sur les motifs qui l'avaient fait agir. Les galans de cette époque, désintéressés et pleins de noblesse et d'élévation d'ame, même dans leur fatuité, ne songeaient pas encore à se dégrader eux-mêmes en privant des beautés campagnardes de leur innocence et de leur vertu. Le compagnon d'Astrophel, la fleur des joutes de Félicia, ne s'imaginait pas

plus que ses graces et ses beaux discours eussent pu gagner le cœur de Mysie, que la plus belle dame, placée
aux premières loges de l'Opéra, ne songe à la blessure
fatale que ses charmes peuvent faire au clerc de procu-
reur modestement assis au parterre. En pareille occasion, l'orgueil du rang et de la noblesse aurait prononcé
contre l'humble admiratrice du chevalier la sentence
dont le petit-maître Fielding accabla tout le sexe : —
qu'elles regardent et meurent ; — mais sir Piercy avait
trop d'obligations à la jolie meunière pour en agir ainsi :
il se sentait d'ailleurs flatté du triomphe que son mérite
avait obtenu ; et, quoiqu'il éprouvât un peu d'embarras,
il retourna sur ses pas, et fut près d'elle en un instant.

La modestie et la timidité de Mysie ne purent l'empêcher de donner quelques signes de plaisir en le voyant
revenir. Elle fut trahie par une étincelle de joie qui
brilla dans ses yeux à travers ses larmes, et par une
caresse qu'elle ne put s'empêcher de faire au cou du
cheval qui lui ramenait le cavalier bien-aimé.

— Que puis-je encore pour vous, tendre Molinara?
dit sir Piercy Shafton, hésitant lui-même et en rougissant; car disons-le à la gloire du siècle de la reine Élisabeth, ses courtisans portaient plus d'acier sur leur sein
que de bronze sur leur visage, et au milieu de leurs
vanités ils conservaient encore la flamme mourante de
l'ancienne chevalerie qui inspirait jadis le charmant
chevalier de Chaucer.

Aussi modeste qu'une fille (1).

Mysie rougit aussi en tenant ses yeux fixés sur la

_____

(1)   *Who in his port was modest as a maid.*

terre, et sir Piercy continua avec le même embarras :

— Avez-vous peur de retourner seule chez vous, ma tendre Molinara? désirez-vous que je vous y accompagne?

— Hélas! répondit-elle en perdant les roses vermeilles qui paraient ses joues l'instant d'auparavant, je ne puis songer à y retourner.

— Comment! dit sir Piercy, et voilà la maison de votre père à deux pas!

— Je n'ai plus ni père ni maison, répondit Mysie. Mon père est un fidèle serviteur de l'abbaye : j'ai offensé l'abbé, mon père me tuera si je me présente à ses yeux.

— Il ne l'oserait! s'écria sir Piercy. Je vous jure par l'honneur et la chevalerie, que si l'on touche à un seul cheveu de votre tête, les troupes de mon cousin le comte de Northumberland raseront le monastère de manière à ce qu'un cheval puisse parcourir le terrain où il aura existé, sans y rencontrer une pierre. Reprenez donc courage, belle Mysinda, car c'est ainsi que je prétends vous nommer désormais, et sachez que vous avez obligé un homme qui saura vous protéger contre toute insulte.

A ces mots il sauta à bas de son cheval, saisit la main de Mysie, la serra sans qu'elle songeât à résister. Pauvre chevalier! Deux grands yeux noirs le regardaient avec une expression à laquelle un homme moins prévenu en faveur de son mérite n'aurait pu se méprendre; il ne pouvait lui-même voir sans quelque émotion ces deux yeux si tendres, ces joues auxquelles un rayon d'espoir venait de rendre leurs couleurs naturelles; et ces lèvres semblables à deux boutons de rose, qui laissaient entrevoir deux rangées de perles de la plus belle eau. Tout cela était dangereux à contempler, et sir Piercy

5.

Shafton, après avoir de nouveau, mais avec moins de force, offert à sa belle Mysinda de la reconduire chez son père, finit par lui proposer de le suivre; — au moins, ajouta-t-il, jusqu'à ce que je puisse vous placer dans quelque lieu où vous soyez en sûreté.

Mysie ne répondit point; mais rougissant de plaisir et un peu de honte, elle montra qu'elle était disposée à accepter cette dernière proposition, en serrant de plus près le petit paquet qu'elle tenait sous le bras, et en se rapprochant du cheval, comme pour y prendre sa place en croupe. — Et que voulez-vous que je fasse de ceci? lui demanda-t-elle en lui montrant la chaîne qu'il lui avait donnée, et à laquelle elle paraissait seulement alors faire attention.

— Que vous la gardiez pour l'amour de moi, belle Mysinda, répondit le chevalier.

— Oh! non, répondit Mysie d'un air grave : les filles de mon pays ne reçoivent pas de tels présens de ceux qui sont au-dessus d'elles, et je n'ai besoin de rien pour conserver le souvenir de cette matinée.

Sir Piercy insista fortement pour qu'elle consentît à l'accepter; mais la jeune meunière montra une résolution inébranlable. Peut-être craignait-elle, en acceptant une récompense du service qu'elle venait de lui rendre, de paraître avoir agi dans des vues mercenaires. Cependant il fut convenu qu'elle cacherait la chaîne dans sa poche, de crainte qu'elle ne fît reconnaître le chevalier, s'il la portait au cou.

Ils continuèrent donc à voyager en bonne intelligence, sir Piercy Shafton cherchant à lui faire oublier le temps en lui contant, dans son style ordinaire, des anecdotes de la cour de Félicia; et quoiqu'elle ne com-

prît pas la dixième partie de ce qu'il lui disait, Mysie
ne l'écoutait pas avec moins d'attention. Elle l'admirait
sur parole comme il arrive à plus d'une maîtresse jolie
et sans esprit en présence d'un amant plus savant qu'elle.
Quant à sir Piercy, il était dans son élément, et, assuré
de l'intérêt et de l'approbation de son auditeur, il se jeta
dans les phrases de l'euphuisme le plus obscur et le
plus extravagant.

La matinée se passa de cette manière, et vers midi
ils arrivèrent sur les bords d'une petite rivière près de
laquelle s'élevait un ancien château baronial entouré
de grands arbres. A peu de distance on voyait un village
composé de maisons éparses çà et là, suivant l'usage de
ce temps, et au centre desquelles était une église.

— Je connais ce village, dit Mysie; il y a deux au-
berges, et la moins bonne sera la meilleure pour nous,
parce qu'elle est séparée du reste du village. D'ailleurs
j'en connais le maître, parce qu'il a acheté plusieurs
fois de la farine de mon père.

Cette malheureuse phrase venait bien à contre-temps.
Sir Piercy Shafton commençait à concevoir la plus
haute estime pour sa compagne de voyage : il était en-
chanté de l'attention avec laquelle elle l'écoutait parler,
et il oubliait presque qu'elle n'était pas une de ces
beautés de haut rang dont il lui racontait l'histoire. Ce
peu de mots suffit pour rappeler à son souvenir la fâ-
cheuse circonstance du lignage de Mysie : il ne dit
pourtant rien; et qu'aurait-il pu dire? N'était-il pas
naturel que la fille d'un meunier connût les aubergistes
à qui son père vendait de la farine? Il n'y avait d'étonnant que le concours d'événemens qui avait donné une
fille de si basse naissance pour guide et pour compagne

à sir Piercy Shafton, cousin du comte de Northumberland, que les princes et les monarques eux-mêmes
traitaient de cousin (1). N'était-ce pas une tache pour
lui que de courir le pays menant en croupe la fille d'un
meunier? Enfin ce ne fut pas sans une certaine émotion de honte qu'il s'arrêta à la porte de la petite auberge.

Mais Mysie, toujours alerte et intelligente, lui épar-
gna le désagrément d'avoir à rougir de déroger ainsi à
sa dignité. Elle sauta lestement à bas de cheval, et s'emparant de l'hôte qui était venu à sa porte, la bouche
ouverte, pour recevoir un homme de l'importance dont
paraissait le chevalier, elle lui fit un conte dont les in-
cidens étaient tellement accumulés, que sir Piercy, qui
ne brillait point par l'invention, ne pouvait revenir de
sa surprise. Elle expliqua à l'aubergiste que le voyageur
était un grand seigneur anglais qui se rendait du monastère de Sainte-Marie à la cour d'Écosse; qu'elle avait
été chargée de lui servir de guide; que Ball, son palefroi, épuisé par le travail de la veille, lui ayant refusé
le service en route, elle l'avait laissé paître dans le parc
de Tasker, près de Cripple-Cross, car il n'avançait pas
plus que la femme de Loth changée en sel; qu'alors le
chevalier avait eu la bonté de lui permettre de monter
en croupe derrière lui, et qu'elle l'avait amené à l'auberge de son ancien ami de préférence à celle de Pierre
Peddy, qui allait acheter sa drèche au moulin de Mil-
lersthane. Elle finit par lui dire de préparer ce qu'il
avait de meilleur dans la maison, et ajouta que comme

(1) Froissard nous dit quelque part que le roi de France appelait cousin un Percy parce qu'il était du sang des comtes de Northumberland. — Éd.

le chevalier était fort pressé, elle irait donner un coup
de main dans la cuisine.

Tout cela fut débité avec la plus grande volubilité,
et sans que l'aubergiste conçût le moindre doute sur la
vérité de cette histoire. Il fit conduire le cheval à l'é-
curie, et installa respectueusement son hôte dans la
plus belle salle de la maison. Mysie, toujours active et
officieuse, s'occupait en même temps à préparer le
dîner, à mettre la table, et à faire tous les petits arrangemens que son expérience pouvait lui suggérer afin
que rien ne manquât au chevalier. Celui-ci aurait pré-
féré qu'elle s'en dispensât, car quoiqu'il lui fût impossible de ne pas être flatté de l'empressement qu'elle
mettait à le servir, il éprouvait une sensation pénible
en voyant sa Mysinda s'occuper de soins si bas, et s'en
acquitter en personne à qui ils étaient familiers. Ce sentiment était pourtant mêlé de quelque plaisir quand il
voyait la grace avec laquelle elle remplissait ces fonctions serviles : il lui semblait alors que la chambre obscure d'une misérable auberge se métamorphosait en un
élégant boudoir, dans lequel une fée, ou tout au
moins une bergère d'Arcadie, dirigeait tous ses moyens
de plaire contre le cœur d'un chevalier que la fortune
destinait à de plus hautes pensées et à une union plus
brillante.

La grace et l'agilité que déploya Mysie en couvrant
la petite table ronde d'une nappe blanche comme la
neige, et en y plaçant un chapon rôti à la hâte et un
flacon de vin de Bordeaux, n'étaient en elles-mêmes
que des graces plébéiennes; mais chaque regard que le
chevalier jetait sur elle faisait naître en son cœur une
nouvelle émotion. Son adresse et sa vivacité, sa taille

fine, son bras et sa main d'une blancheur ravissante, ses beaux yeux toujours fixés sur Shafton quand il regardait ailleurs, et qui se baissaient dès qu'ils rencontraient les siens, la rendaient véritablement irrésistible. Enfin la délicatesse de son attachement et de sa conduite jointe aux preuves de courage et d'intelligence qu'elle avait données, tout contribuait à ennoblir ses services, et à faire penser au chevalier

> Qu'une Grace de l'Empyrée,
> Pour le suivre et pour le chérir,
> Sous une modeste livrée
> Avait voulu le secourir.

Mais, d'une autre part, venait la réflexion désolante que tous ses soins lui étaient moins inspirés par le sentiment délicat de la tendresse, qu'ils n'étaient le résultat de l'habitude contractée par une fille de meunier, en servant chaque paysan un peu riche qui apportait ses grains au moulin de son père : la vanité fermait alors la bouche à l'amour.

Au milieu de toutes ces sensations différentes, sir Piercy n'oublia pourtant pas d'engager celle qui les faisait naître à se mettre à table avec lui, et à partager le repas qu'elle avait pris la peine de préparer et de servir. Il s'attendait qu'elle allait accepter cette invitation, peut-être avec timidité, mais certainement avec reconnaissance : il fut pourtant surpris d'entendre Mysie le refuser d'une manière si respectueuse, quoique ferme et décidée, qu'il ne sut trop s'il devait en être piqué ou flatté.

Mysie étant alors sortie de l'appartement, lui laissa la liberté de discuter ce point important, sur lequel il

lui aurait été difficile de prononcer s'il avait été dans
la nécessité de le faire. Il chercha à se distraire par
d'autres pensées, il but quelques coups de vin de Bordeaux, chanta quelques couplets d'une des chansons
du divin Astrophel; mais ni le vin ni sir Philippe Syd-
ney ne purent bannir de son esprit l'aimable meunière,
et ce ne fut pas sans un certain embarras qu'il réfléchit
à la liaison qui existait entre elle et lui. Heureusement
l'usage du temps, comme nous l'avons déjà fait observer, était d'accord avec sa générosité naturelle, et lui
aurait fait regarder comme un péché mortel contre la
galanterie, la chevalerie et la morale, de récompenser
les services qu'il avait reçus d'une pauvre fille en abu-
sant des avantages que lui donnait la confiance qu'elle
avait mise en lui. Pour rendre justice à sir Piercy, nous
devons dire que cette idée ne s'était jamais présentée à
lui; il aurait probablement mis en usage toute la science
des *imbrocata*, des *stoccata*, des *punto riverso*, et de tous
les mystères de l'art de l'escrime dans lesquels Vincentio Saviola l'avait initié, contre quiconque l'aurait seulement soupçonné d'une telle bassesse. Cependant il
sentait qu'il était homme, et il prévoyait bien des circonstances qui, pendant ce voyage tête-à-tête, pouvaient
lui tendre des pièges et prêter à la médisance; enfin il
était fat et courtisan, et il craignait de s'exposer au ri-
dicule en voyageant avec une fille de meunier, ce qui
pouvait les exposer à des soupçons peu honorables pour
l'un et pour l'autre, et à des sarcasmes qu'il craignait
par-dessus tout.

—Hélas! se disait-il à lui-même, si cela pouvait se faire
sans nuire au repos et à la réputation de la trop ambi-
tieuse quoique très-judicieuse meunière, nous suivrions

chacun séparément la carrière que la nature nous a destinée ; de même qu'on voit l'audacieuse frégate partir pour des mers lointaines, toutes voiles déployées, tandis que l'humble barque ose à peine perdre le rivage de vue.

Il avait à peine formé ce souhait, qu'il le vit satisfait ; car l'aubergiste étant venu lui dire que son cheval était sellé, bridé et prêt à partir, le chevalier lui demanda où était la...... la damoiselle...... c'est-à-dire la jeune fille.

— Mysie Happer ? dit l'hôte, elle est partie ; mais elle m'a chargé de vous dire que vous ne pouviez vous tromper de route d'ici à Édimbourg, parce que vous n'avez qu'à suivre toujours le grand chemin, et qu'il ne fait pas une seule fourche.

Il est rare que nous voyions nos souhaits s'accomplir au moment même où nous les formons ; et c'est peut-être parce que le ciel nous refuse avec sagesse ce que nous recevrions souvent avec ingratitude s'il nous l'accordait : c'est du moins ce qui arriva en ce moment ; car lorsque l'hôte lui annonça le départ de Mysie, le chevalier fut sur le point de faire une exclamation de surprise et de mécontentement. La prudence l'arrêta ; mais il ne put s'empêcher de lui demander avec vivacité où elle était allée et quand elle était partie.

— Où elle est allée ? répéta l'hôte en le regardant ; chez son père, sans doute. Elle est partie après avoir donné ordre de seller le cheval de Votre Honneur, et après l'avoir vu manger son avoine. Elle aurait pu s'en rapporter à moi ; mais les meuniers croient toujours que les autres sont des voleurs comme eux. Elle est peut-être déjà à trois milles d'ici.

— Elle est partie! pensa le chevalier en faisant à grands pas deux ou trois tours dans l'appartement; elle est partie! Eh bien! soit; ma compagnie ne pouvait que nuire à sa réputation, et la sienne ne pouvait me faire honneur. Je n'aurais pourtant pas cru qu'elle m'eût quitté si facilement. Peut-être est-elle à rire avec quelque paysan qu'elle a rencontré; et ma riche chaîne sera pour elle une bonne dot. Et n'est-ce donc pas une justice? Quand elle serait dix fois plus précieuse, ne l'a-t-elle pas bien méritée? Piercy Shafton, regretterais-tu d'avoir fait à ta libératrice un présent qu'elle a acheté si cher? L'air de ce climat septentrional a-t-il flétri la fleur de ta générosité, comme on dit qu'il flétrit celle du mûrier? Non, je ne croyais pas que notre séparation pût se faire si facilement. N'y pensons plus. Il dit alors à l'aubergiste de faire conduire son cheval à la porte, et lui demanda ce qu'il lui devait.

L'hôte ne lui répondit pas sur-le-champ, et parut à son tour avoir l'esprit occupé de quelque discussion. Peut-être interrogeait-il sa conscience pour savoir si elle était en état de supporter le poids d'un double paiement. Elle lui répondit sans doute négativement, quoique non sans hésiter, car il fut assez long-temps avant de répondre : — Il ne faut pas mentir, je conviens que l'écot est payé; cependant si Votre Honneur veut donner quelque chose pour boire.....

— Comment, payé! s'écria le chevalier; et par qui, s'il vous plaît?

— Par Mysie Happer, s'il faut dire la vérité, répondit l'honnête aubergiste, qui éprouvait, en parlant ainsi, les mêmes angoisses que s'il eût fait un mensonge. Elle m'a payé avec l'argent que l'abbé lui avait remis pour

G

les dépenses de votre voyage. Ce n'est pas moi qui voudrais rançonner les nobles seigneurs qui me font la
grace de descendre chez moi; néanmoins, comme je le
disais tout à l'heure, s'il plaît à la générosité de Votre
Honneur.....

Sir Piercy Shafton coupa court à cette harangue en
donnant une pièce de monnaie qu'on nommait une
rose noble, et qui probablement paya une seconde fois
un écot d'Écosse; mais qui n'eût pas suffi de moitié
pour un écot des Trois-Grues ou du Vintry, à Londres.
L'hôte fut si touché de cet acte de libéralité, qu'il
courut percer le meilleur tonneau de sa cave pour lui
présenter le coup de l'étrier, ce dont le chevalier le re-
mercia avec toute la grace des courtisans d'Élisabeth,
monta ensuite à cheval, et s'avança du côté du nord
par un chemin qui, quoique bien différent de nos grandes
routes actuelles, était assez battu et assez fréquenté
pour être distingué des sentiers de communication qui
le coupaient assez souvent.

— Elle savait sans doute, pensait-il tout en chemi-
nant, que je n'aurais plus besoin d'elle pour m'indi-
quer la route; et c'est probablement ce qui l'a déter-
minée à ce départ si brusque, si différent de ce que je
devais attendre. Au surplus, je dois m'en féliciter. Ne
demandons-nous pas dans nos prières de ne pas être
induit en tentation ! Mais qu'elle ait commis une erreur
assez forte sur notre situation respective pour payer
ma dépense à l'auberge, voilà ce qui me paraît inconce-
vable. Je voudrais la revoir, ne fût-ce que pour un
instant, afin de lui expliquer le solécisme dont son inexpérience l'a rendue coupable. Il entrait en ce moment
dans un canton marécageux, coupé d'un grand nombre

de petites montagnes, et couvert de buissons et de bouquets d'arbres. Il me semble pourtant, ajouta-t-il, que l'aide de ma belle Ariane ne me serait pas inutile en ce moment; car je vais entrer dans un labyrinthe où j'aurais besoin d'un fil pour me guider.

Tout en causant ainsi avec lui-même, il entendit derrière lui le bruit des pas d'un cheval; et, s'étant retourné, il vit un jeune homme monté sur un petit cheval écossais gris, et qui passa près de lui au même instant. Il était vêtu en campagnard, mais proprement, et même avec une sorte d'élégance. Il avait une jaquette de drap gris, un haut-de-chausses de même étoffe, brodé en laine sur toutes les coutures, des bottines de peau de daim et de jolis éperons d'argent. Il était enveloppé d'un grand manteau de drap brun foncé qui lui couvrait le menton, et une toque de velours noir, surmontée d'une petite plume, était enfoncée sur ses sourcils.

Sir Piercy, aimant la société, désirant avoir un guide, et prévenu en faveur de ce jeune homme par sa bonne mine, ne manqua pas de lui demander d'où il venait et où il allait; et celui-ci lui répondit, en regardant d'un autre côté, qu'il allait à Édimbourg pour chercher du service auprès de quelque seigneur.

— Je suis plus porté à croire, dit le chevalier, que vous vous êtes enfui de chez votre maître, car vous n'osez pas me regarder en face pour me répondre.

— Je vous assure qu'il n'en est rien, répondit le jeune homme en levant les yeux sur lui, et en les détournant aussitôt.

Ce regard rapide suffit pour dévoiler la vérité. On ne pouvait se méprendre à l'expression de ces grands yeux noirs, à ces joues vermeilles où l'embarras cherchait à se cacher sous un sourire, et sir Piercy reconnut, malgré cette métamorphose, la jolie meunière, l'aimable Mysinda. Il fut trop charmé de retrouver sa compagne pour se rappeler les excellentes raisons qui l'avaient consolé de l'avoir perdue.

Il lui demanda comment elle s'était procuré ce costume; et elle lui dit qu'elle l'avait obtenu d'une femme de ses amies dans le village. C'étaient les habits de fête de son fils, qui venait d'être appelé sous la bannière de son seigneur suzerain. Elle l'avait emprunté sous prétexte qu'elle devait aller à une mascarade de village, et elle avait laissé en place ses vêtemens, — qui, ajouta-t-elle, valent au moins six couronnes de plus.

— Et le cheval, mon ingénieuse meunière? d'où vient ce joli palefroi?

— Je l'ai emprunté de notre hôte, répondit-elle; il me l'a donné en échange de Ball, qu'il doit envoyer chercher dans le parc de Tasker à Cripple-Cross. Il sera bien heureux s'il l'y trouve.

— Mais le pauvre homme perdra son cheval, malicieuse Molinara, dit le chevalier, dont le respect pour les droits de propriété s'effarouchait d'un mode d'acquérir plus conforme aux idées de la fille d'un meunier vivant dans un pays habité par une foule de maraudeurs, qu'aux principes d'un Anglais d'un rang distingué.

— Et quand il le perdrait, il ne serait pas le premier à qui pareil accident serait arrivé sur nos frontières. Mais il ne perdra rien, car je vous réponds qu'il saura bien en retenir le prix sur l'argent qu'il doit à mon père.

— Mais alors ce sera votre père qui supportera cette perte.

— A quoi bon me parler de mon père ? dit Mysie avec humeur ; et changeant de ton tout à coup : — Hélas ! ajouta-t-elle en s'essuyant les yeux, mon père a perdu aujourd'hui ce qu'il estimait plus que toutes les richesses de la terre.

Frappé de l'accent de remords avec lequel sa compagne venait de prononcer ces paroles, sir Piercy se crut obligé par l'honneur et la conscience de lui remontrer, aussi fortement qu'il put prendre sur lui de le faire, combien il serait convenable qu'elle retournât chez son père, et combien le pas qu'elle venait de faire pouvait être dangereux pour sa réputation. Le discours qu'il lui adressa à ce sujet, quoique surchargé d'ornemens superflus, faisait honneur à son esprit comme à son cœur.

La jeune meunière écouta cette remontrance, la tête penchée sur son sein, comme une personne plongée dans le chagrin ou absorbée dans ses réflexions. Quand il eut cessé de parler, elle leva la tête, le regarda fixement, et lui répondit avec fermeté : — Si vous êtes las de ma compagnie, sir Piercy Shafton, vous n'avez qu'à parler, et la fille du meunier de Sainte-Marie ne vous fatiguera pas plus long-temps de sa présence. Si nous faisons ensemble le voyage d'Édimbourg, ne craignez pas que je vous sois à charge ; j'ai assez de fierté pour ne l'être à personne. Du reste, ne me parlez plus de retourner chez mon père. Tout ce que vous pourriez me dire à ce sujet, je me le suis déjà dit moi-même ; et, puisque vous me voyez ici, c'est une preuve que je me

6.

le suis dit inutilement. Qu'il ne soit donc plus question
de cet objet entre nous. Je vous ai déjà été de quelque
utilité, et le temps peut amener des occasions où je
pourrai vous être encore plus utile. Vous n'êtes pas ici
dans votre Angleterre, où la justice, dit-on, se rend à
chacun sans crainte et sans faveur. Ici la force fait la
loi, et l'on n'a pour se défendre que l'adresse et la présence d'esprit. Je connais mieux que vous les périls
auxquels vous êtes exposé.

Sir Piercy se trouva un peu mortifié en voyant que
la meunière croyait pouvoir lui être utile, non-seulement pour lui servir de guide, mais pour être en
quelque sorte sa protectrice, et il dit quelques mots
pour faire entendre qu'il n'avait besoin, pour toute
protection, que de son bras et de son épée. Mysie lui
répondit fort tranquillement qu'elle ne doutait nullement de son courage, mais que c'était précisément ce
qui pouvait le mettre en danger. Sir Piercy, dont les
idées n'étaient jamais bien suivies, ne répliqua rien à
cet argument, et se persuada que la jeune fille prenait
ce prétexte pour cacher le véritable motif qui la faisait
agir, c'est-à-dire l'affection qu'elle avait conçue pour
lui. Sa vanité était flattée de la situation romanesque
dans laquelle il se trouvait ; et, son imagination s'en-
flammant, il se comparait à un de ces héros dont il
avait lu l'histoire fabuleuse, et pour qui l'amour avait
opéré de semblables métamorphoses.

Il jeta plus d'une fois un coup d'œil à la dérobée sur
son nouveau page, et à chaque fois il en était plus satisfait. Mysie, élevée à la campagne, avait acquis de
bonne heure l'habitude du cheval, et elle menait son

coursier avec autant de grace que d'adresse. Rien n'aurait pu faire soupçonner son sexe, si ce n'était un embarras modeste, quand elle voyait les yeux du chevalier fixés sur elle, embarras qui ajoutait encore à sa beauté.

Ils continuèrent à voyager toute la journée, mutuellement satisfaits l'un de l'autre, et s'arrêtèrent le soir dans une auberge pour y passer la nuit; chacun y admira hautement le noble maintien du chevalier et la beauté peu commune de son jeune page. Ce fut là que Mysie Happer commença à faire voir à sir Piercy Shafton la réserve avec laquelle elle se proposait de se conduire envers lui. Elle l'annonça comme son maître, le servit avec le zèle et le respect d'un véritable domestique, sans lui permettre la plus légère familiarité, pas même celles dont l'innocence n'aurait pu s'offenser. Par exemple, sir Piercy, qui, comme nous le savons, était grand connaisseur en tout ce qui concerne les modes, lui détaillait, après avoir soupé, les changemens avantageux qu'il se proposait de faire à son costume quand ils seraient arrivés à Édimbourg. Mysie l'écouta avec beaucoup de complaisance; mais le chevalier, emporté par l'enthousiasme avec lequel il faisait l'éloge d'un collet d'habit, allait joindre la démonstration à la théorie, et, tout en voulant lui en faire comprendre la forme, lui toucha sans intention le haut du cou. Elle recula aussitôt, et lui rappela d'un air grave et sérieux qu'elle était seule et sous sa protection.

— Vous connaissez le motif qui m'a engagée à vous suivre, lui dit-elle : traitez-moi un instant avec moins d'égards que vous n'en témoigneriez à une princesse entourée de toute sa cour, et vous aurez vu pour la dernière fois la fille du meunier; elle s'envolera comme la paille de l'aire (1) que le van sépare du grain.

— Je vous proteste, belle Molinara, dit sir Piercy, que j'étais bien loin de..... Mais la belle Molinara était déjà disparue. — Singulière fille! se dit-il à lui-même: créature extraordinaire! et aussi sage qu'elle est belle. Certes ce serait une honte que d'avoir la moindre pensée contraire à son honneur. Elle fait aussi des comparaisons; malheureusement elle les tire du métier de son père. Si elle avait lu *Euphues*, et si elle pouvait oublier ce maudit moulin et tout ce qui y a rapport, je suis convaincu que sa conversation serait brodée d'autant de perles que celle de la dame de la cour de Félicia la mieux initiée dans les mystères de la rhétorique. J'espère qu'elle va venir me tenir compagnie.

La prudence de Mysie n'avait pas formé ce projet, et sir Piercy ne la revit que le lendemain matin à l'instant de se remettre en route.

Mais il faut que nous quittions le chevalier anglais et son page, pour voir ce qui se passait à la tour de Glendearg.

---

(1) En Écosse, la hauteur où le vanage avait lieu s'appelait le *shicling-hill* avant l'invention des machines à vaner. — Éd.

CHAPITRE XXX.

―――

« Vous l'appelez un mauvais ange,
» Et peut-être avez-vous raison ;
» Pour moi cela me semble étrange,
» Car voilà le premier démon
» Qui guide celui qu'il conseille
» Dans les sentiers du vrai bonheur. »

Anonyme.

Il faut maintenant nous reporter au moment où Marie Avenel fut transportée dans la chambre occupée jusqu'alors par les deux frères Glendinning. Sa fidèle Tibbie s'était épuisée en efforts inutiles pour la calmer. Le père Eustache ne lui avait pas épargné dans son zèle ces lieux communs de consolation que l'amitié s'empresse toujours d'offrir à la douleur incapable de les écouter. Elle fut enfin libre de se livrer seule à ses sentimens : elle éprouvait ce qu'éprouvent ceux qui, aimant pour la première fois, perdent ce qu'ils aiment, avant que le temps et des malheurs réitérés leur aient appris que toute perte est réparable, ou du moins peut se supporter jusqu'à un certain point.

Il est plus facile de concevoir un tel chagrin que de le décrire. Mais la situation particulière de Marie Avenel lui avait appris à se regarder comme l'enfant de la destinée, et son caractère mélancolique et réfléchi rendait son affliction plus profonde. Le tombeau, un tombeau ensanglanté, couvrait le jeune homme à qui elle était secrètement, mais tendrement attachée, la force et l'ardeur du caractère d'Halbert ayant un singulier rapport avec l'énergie dont le sien était capable.

Sa douleur ne s'épuisa pas en soupirs et en larmes; mais, quand la première émotion fut passée, elle se recueillit dans une méditation profonde pour calculer comme un débiteur ruiné toute l'étendue de sa perte; il lui semblait que tous les nœuds qui l'attachaient à la terre étaient rompus. Jamais elle n'avait osé envisager la possibilité d'une union avec Halbert, et cependant sa mort supposée lui paraissait être la chute du seul arbre qui pût la protéger contre l'orage. Elle respectait le caractère plus doux et les qualités plus paisibles du jeune Édouard ; mais il ne lui était point échappé (ce qui, dans le fait, n'échappa jamais à une femme dans sa situation) qu'Édouard était le rival d'un frère dont les goûts plus mâles la flattaient davantage, elle qui appartenait à une race fière et guerrière. Jamais une femme ne rend moins justice à l'amant qui survit, que lorsqu'elle le compare à celui qui n'est plus.

L'attachement maternel, il est vrai, mais peu aimable de dame Elspeth, et l'aveugle tendresse de la vieille Tibbie, lui semblaient être les seuls sentimens affectueux dont elle était désormais l'objet. Elle ne put s'empêcher de les comparer au dévouement de ce jeune enthousiaste, qu'un seul de ses regards domptait, comme un cavalier qui dirige à son gré un coursier impétueux. Ce fut au milieu de ces réflexions, que Marie Avenel sentit le vide que laissait dans son cœur l'étroite ignorance dans laquelle l'Église de Rome élevait alors ses enfans.

Elle voulut avoir recours à la prière ; mais elle n'était pas habituée à s'adresser en esprit au souverain du ciel et de la terre. Elle ne pouvait que répéter quelques prières qu'on lui avait apprises dans une langue qu'elle ne comprenait point, et elle n'y trouvait ni soulagement ni consolation. — Il n'existe plus de secours pour moi sur la terre, s'écria-t-elle ; je ne sais comment implorer celui du ciel.

Comme elle parlait ainsi, elle leva les yeux, et vit l'esprit mystérieux attaché à la destinée de sa famille. Il s'était déjà offert à ses regards, mais cette fois il était plus distinctement visible et avait une apparence plus corporelle. Marie se sentit intimidée par sa présence. Elle aurait pourtant voulu lui parler ; mais une vieille tradition disait que, quoique d'autres personnes eussent vu la Dame Blanche, lui eussent fait des questions, et en eussent obtenu des réponses, tous les membres de la famille d'Avenel qui avaient osé lui adresser la parole étaient morts peu de temps après. D'ailleurs l'esprit, par ses gestes, semblait lui enjoindre de garder le silence et de l'écouter, et il chanta avec un ton de mélancolie fortement prononcé les paroles suivantes :

Si les esprits pouvaient verser des larmes,
Ce serait à moi de pleurer.

Un talisman plus puissant que nos charmes
Existe dans ces lieux, je puis te le montrer.

En prononçant ces mots, la Dame Blanche fit quelques pas dans la chambre, frappa du pied sur le plan-
cher à l'endroit où elle s'arrêta, et continua en ces
termes, sans avoir interrompu son chant :

> Au bonheur il peut te conduire.
> Pour les enfans d'Adam ce livre fut dicté
> Et c'est là qu'ils doivent s'instruire
> Des moyens d'arriver à l'immortalité,
> Quant les filles de l'air, au néant condamnées,
> Tomberont dans l'obscurité.
> N'hésite point, suis avec fermeté
> Tes glorieuses destinées,
> Et qu'à l'instant avec respect ta main
> S'empare d'un trésor auquel j'aspire en vain.

A ces mots, la Dame Blanche se baissa, toucha, en
regardant Marie, la planche qu'elle avait déjà frappée
du pied, mais au même instant sa forme prit une apparence plus aérienne, ses traits devinrent moins dis-
tincts, et en moins d'une minute elle avait disparu.

Une forte impression de terreur avait agité Marie
pendant tout le temps qu'avait duré cette apparition,
elle ne diminua point quand la Dame Blanche cessa
d'être visible. Elle réfléchit long-temps aux paroles
mystérieuses que l'esprit avait prononcées, et aux gestes
dont elles avaient été accompagnées; enfin une exces-
sive lassitude parvint à lui fermer les yeux, et elle fut
réveillée en sursaut par le cri : — trahison! trahison!
que poussa Édouard quand il s'aperçut de l'évasion de
sir Piercy.

Craignant quelque nouveau malheur, Marie Avenel

s'habilla à la hâte; et s'étant armée de courage pour descendre, elle apprit de Tibbie, qui courait de chambre en chambre, et que ses cheveux gris épars faisaient ressembler à une sibylle, que le scélérat d'Anglais s'était échappé, et que le pauvre Halbert resterait dans son tombeau sans être vengé. Les jeunes gens qui étaient venus joindre Édouard la veille faisaient un bruit comparable à celui du tonnerre, et soulageaient par des exclamations contre les fugitifs la rage qu'ils éprouvaient de ne pouvoir les poursuivre, grace à la précaution que Mysie avait prise de fermer les deux portes de la tour, dont on retrouva ensuite les clefs dans un coin de l'étable. Le sous-prieur, qui avait couché à Glendearg, commandait en vain le silence; et Marie, sentant que sa présence serait inutile au milieu de ce tumulte, se retira dans sa chambre.

Le reste de la famille s'était réuni dans la grande salle pour y tenir conseil. Édouard ne se possédait plus de colère, et le sous-prieur lui-même n'était pas peu offensé de la hardiesse avec laquelle Mysie Happer avait conçu un tel plan, et de l'audace mêlée l'adresse qu'elle avait mise à l'exécuter; mais ni la colère ni l'indignation ne pouvaient remédier au mal. Les portes bien fermées, et toutes les fenêtres garnies de gros barreaux de fer solidement scellés dans les murs, empêchaient la garnison de pouvoir faire une sortie. On pouvait à la vérité monter sur la plate-forme de la tour, mais on n'avait ni échelles ni cordes pour en descendre. Enfin on ne pouvait appeler le secours des voisins, puisque les habitations les plus proches étaient à une distance de quelques milles.

On finit par conclure qu'il fallait briser les portes, et

l'on mit en réquisition tous les outils de la maison propres à cet usage. On attaqua d'abord la porte intérieure, qui était en bois de chêne fort épais, et elle résista trois mortelles heures aux coups multipliés qu'on lui portait. Il restait la porte de fer, et trois ou quatre heures de travail ne l'avaient seulement pas ébranlée.

Pendant ce temps-là, Marie Avenel, avec moins de peine, avait vérifié ce que l'esprit lui avait annoncé dans ses vers mystérieux. Ayant examiné la planche que le fantôme lui avait indiquée par ses gestes, elle reconnut qu'elle avait été déjà ébranlée, et qu'il était facile de la soulever à volonté. Elle fut surprise de trouver qu'elle cachait le livre noir qu'elle se rappelait bien avoir vu à sa mère, et elle ressentit, en s'en emparant, autant de joie qu'il était possible qu'elle en éprouvât dans la position où elle se trouvait.

Ignorant en grande partie ce qu'il contenait, Marie Avenel avait été élevée, dès son enfance, dans la plus grande vénération pour ce livre sacré. Il est probable que la défunte avait remis le projet d'initier sa fille dans les mystères de la parole divine, jusqu'au temps où elle serait plus en état de comprendre et les leçons qu'il renfermait et le danger que couraient à cette époque ceux qui les étudiaient. La mort l'avait enlevée avant que les temps devinssent plus favorables aux réformateurs, et lorsque sa fille était encore trop jeune pour recevoir d'aussi importantes leçons religieuses. Mais cette tendre mère avait préparé l'œuvre qu'elle avait tant à cœur dans ce monde. Il y avait dans le livre des feuilles manuscrites dans lesquelles une comparaison de divers passages de la sainte Écriture démontrait les erreurs et les inventions humaines par les-

quelles l'église de Rome avait dégradé et défiguré le
simple édifice qu'une main divine a légué aux hommes.
Ces sujets de controverse étaient traités avec un esprit
de calme et de charité chrétienne qui aurait pu servir
d'exemple aux théologiens de cette époque; mais ils
étaient soutenus clairement et franchement par les
preuves et les citations nécessaires. D'autres papiers de
la même main n'avaient aucun rapport à la polémique;
c'était l'effusion d'une ame pieuse qui s'entretient avec
elle-même. Parmi ces papiers il en était un évidemment
plus consulté que les autres, sur lequel la mère de
Marie avait transcrit et rassemblé ces textes touchans
auxquels a recours un cœur dans l'affliction, et qui
nous garantissent la bienveillance et la protection ré-
clamée par les enfans de la promesse. Dans l'état où
était son ame, Marie Avenel préféra à toutes les autres
ces leçons qui, tracées par une main si chère, lui étaient
parvenues dans un moment si critique et d'une manière
si extraordinaire.

Elle lut cette promesse touchante :

Je ne t'abandonnerai jamais.

Et cette consolante exhortation :

Appelle-moi au jour de l'affliction, et je te délivrerai.

Elle les lut, et son cœur conclut comme sa mère par
ces mots :

Sûrement , c'est la parole de Dieu.

Il est des personnes à qui un sentiment religieux a
été inspiré dans les orages et les tempêtes; il en est à
qui ce sentiment a parlé au milieu des scènes de la dé-

bauche et des vanités mondaines; il en est aussi qui ont
entendu cette voix céleste au milieu du calme et du
contentement de la vie champêtre; mais peut-être l'in-
struction la plus solide s'imprime surtout en nous pendant les traverses de l'affliction, et les larmes sont une
rosée bienfaisante qui féconde la semence du ciel et lui
fait prendre racine dans le cœur. Ce fut du moins ce
qui arriva à Marie Avenel; elle fut insensible à tout le
bruit qu'elle entendait au-dessous d'elle, au retentisse-
ment des barreaux de fer, aux coups des leviers, aux
clameurs démesurées de ceux qui travaillaient en réunissant leurs efforts et en accompagnant de la voix les
mouvemens de leurs bras; enfin aux sermens de vengeance qu'ils proféraient contre les fugitifs qui leur
avaient laissé avant de partir une tâche si pénible et si
difficile; tout ce vacarme, qui formait un concert des
plus discordans et exprimait tout autre chose que des
sentimens de paix, d'amour et de pardon, ne put
distraire Marie Avenel du nouveau cours qu'avaient
pris ses idées.

— La sérénité du ciel, dit-elle, est au-dessus de
moi, le bruit qui m'entoure n'est que la voix de la
terre et des passions terrestres.

Cependant il était midi, et les prisonniers était encore enfermés dans leurs murailles quand il leur arriva
un secours inattendu en la personne de Christie de
Clinthill. Il était à la tête d'un petit détachement composé de quatre cavaliers portant à leur bonnet la
branche de houx qui distinguait les hommes d'armes au
service de la maison d'Avenel.

— Holà, hé! la porte! s'écria-t-il : je vous amène un
prisonnier.

— Vous feriez mieux de nous tirer de prison, dit Dan d'Howlet-hirst.

Reconnaissant alors l'état des choses, — quand je devrais être pendu, s'écria Christie, je ne saurais m'empêcher de rire en vous voyant tous derrière vos grilles comme autant de rats regardant à travers les barreaux d'une ratière. Et quel est ce vieux rat par derrière avec sa longue barbe?

— Parle avec un peu plus de respect, dit Édouard, c'est le sous-prieur de Sainte-Marie; et ce n'est ni le temps ni le lieu de faire de mauvaises plaisanteries.

— Oui-da! mon jeune maître, dit Christie, vous avez de l'humeur; mais sachez que quand ce serait mon père selon la chair, je ne pourrais m'empêcher d'en rire. Je vois pourtant qu'il faut que je vous assiste, car vous travaillez en maladroits. Placez donc le levier plus près des gonds; là, bien. Passez-m'en un autre à travers les barreaux de votre cage. J'ai forcé autant de portes de châteaux que vous avez de dents dans la bouche; j'en atteste entre autres le commandant du château de Lochmaben.

Christie n'exagérait pas son mérite en ce genre, et chacun ayant exécuté les ordres de cet ingénieur plein d'expérience, la porte de fer, qui avait résisté si longtemps, céda à des efforts mieux combinés, en moins d'une demi-heure.

— Maintenant, mes amis, s'écria Édouard, à cheval! et poursuivons le scélérat Shafton.

— Halte-là! dit Christie: poursuivre votre hôte, l'ami de mon maître et le mien! j'ai deux mots à dire à cela. Et pourquoi diable voulez-vous le poursuivre?

7.

— Laissez-moi passer, dit Édouard, personne ne m'arrêtera. Le scélérat a tué mon frère!

— Que dit-il donc? demanda Christie aux autres : tué qui? je n'y entends rien.

— L'Anglais Piercy Shafton, dit Dan d'Howlet-Hirst, a tué hier matin Halbert Glendinning, et nous avons tous pris les armes pour en tirer vengeance.

— Il faut vous envoyer tous à Bedlam (1), répondit Christie : on a eu raison de vous enfermer dans votre tour, si c'est pour vous empêcher de tirer vengeance d'un meurtre qui n'a jamais été commis.

— Je vous dis, s'écria Édouard, que mon frère a été assassiné et enterré hier matin par ce maudit Anglais.

— Et moi je vous dis, répondit Christie, que je l'ai vu vivant et bien portant hier soir. Je voudrais qu'il m'apprît sa manière de sortir ainsi de trois pieds sous terre; cela est plus difficile que de s'évader du cachot le mieux fermé.

Chacun s'arrêta; on s'attroupa autour de Christie, on le regardait en silence, quand le sous-prieur, s'avançant vers lui, lui demanda si c'était bien sérieusement qu'il prétendait avoir vu Halbert Glendinning la veille au soir.

— Mon père, lui dit-il avec plus de respect qu'il n'en montrait jamais pour personne, à l'exception de son maître, j'avoue que je m'amuse quelquefois aux dépens des gens de votre robe, mais c'est ce qui ne m'arrivera jamais à votre égard, parce que je n'ai pas oublié que je vous dois la vie. Aussi vrai que le soleil nous éclaire, Halbert Glendinning a soupé hier soir chez mon maître

_____

(1) Hôpital pour les fous. — ÉD.

le baron d'Avenel. Il est arrivé accompagné d'un vieux bavard dont je vous parlerai tout à l'heure.

— Et où est-il maintenant? demanda le sous-prieur.

— Le diable seul pourrait répondre à cette question; car je crois que toute la famille est possédée du diable. Il paraît qu'il a pris ombrage de quelques mots qu'avait dits le baron Julien, de sorte qu'il s'est jeté dans le lac comme un canard sauvage, et en a gagné le bord à la nage. Robin de Redcastle a rendu son cheval fourbu en lui donnant la chasse.

— Et pourquoi le poursuivait-il? quel crime avait commis ce jeune homme?

— Aucun que je sache : mais tel était l'ordre du baron, qui aurait voulu l'enrôler à son service.

— Eh bien, Édouard, où courez-vous si vite! demanda le sous-prieur.

— Au Corrie-nan-Shian, mon père; je veux ouvrir la fosse. Martin, Dan, Ady, mes amis, prenez des pelles et des pioches, et suivez-moi, si vous êtes des hommes.

— Prenez bien note de tout ce que vous y trouverez, dit le père Eustache.

— Holà! holà! Si vous y trouvez, dit Christie, quelque chose qui ressemble au corps d'Halbert, je m'engage à le manger sans sel. Mais voyez donc comme le jeune gaillard détale! on ne connaît bien les gens qu'au moment de l'action. A le voir assis au coin de la cheminée s'occupant de son livre, de sa plume et d'autres fadaises, aurait-on cru qu'il eût tant d'énergie? C'était un fusil chargé qui ressemble à un mauvais bâton jusqu'à ce qu'on en lâche le chien, après quoi il vomit feu et fumée. Mais je suis chargé d'un prisonnier, et j'ai deux mots à vous dire à cet égard, sire sous-prieur.

Il fit un signe à son détachement, qui était resté à la porte de la cour, et qui y entra conduisant le prédicateur évangélique Henry Warden, placé sur un cheval, pieds et poings liés.

———

CHAPITRE XXXI.

―――――

« Il était autrefois mon ami de collège ;
» C'était un garçon sage , appliqué , studieux.
» Lorsque ses compagnons ne songeaient qu'à leurs jeux ,
» Il ne rêvait qu'étude , et même au réfectoire
» Il songeait au travail plus qu'à manger et boire. »

Ancienne comédie.

Le sous-prieur, à la requête du maraudeur, étant entré dans la tour, se rendit dans la grande salle et y fut suivi par Christie, qui, ayant fermé la porte de l'appartement, s'approcha du père Eustache d'un air de confiance et de familiarité.

— Sire sous-prieur, lui dit-il, je suis chargé de vous présenter les complimens de mon maître, à vous particulièrement, et de préférence à l'abbé lui-même : quoiqu'on l'appelle monseigneur, *et cætera*, tout le monde sait que vous êtes l'âme de la communauté.

— Si vous avez quelque chose à me dire qui concerne notre maison, dit le sous-prieur, je vous prie
d'en venir au fait sans délai. Le temps s'écoule, et j'ai
l'esprit tout occupé du sort d'Halbert Glendinning.

— Je vous réponds de lui corps pour corps. Je vous
proteste qu'il est aussi vivant que moi.

— Ne devrais-je pas annoncer cette heureuse nouvelle à sa mère désolée? pensa le sous-prieur; mais
non, il vaut mieux attendre le résultat des recherches
d'Édouard. Et quel message votre maître vous a-t-il
donné pour moi? demanda-t-il à Christie.

— Mon seigneur et maître a de bonnes raisons pour
croire que, d'après les rapports qui vous ont été faits
par des amis officieux qu'il se réserve de récompenser
à son loisir, vous le regardez comme un homme peu attaché à la sainte Église, allié avec les hérétiques, et
convoitant les dépouilles du monastère de Sainte-Marie.

— Soyez bref, je vous prie, mon cher ami; le diable
n'est jamais plus à craindre que lorsqu'il se mêle de
prêcher.

— Je vous dirai donc en deux mots que mon maître
désire avoir votre amitié, et que, pour confondre les
calomnies des méchans, il vous envoie, pieds et poings
liés, cet Henry Warden dont les sermons ont fait tourner la tête à tant de gens en Écosse, pour que vous le
traitiez selon le bon plaisir de l'Église et de votre abbé.

Les yeux du sous-prieur rayonnèrent de joie à cette
nouvelle; car depuis long-temps on désirait parvenir à
arrêter ce prédicateur, dont le zèle et l'enthousiasme
avaient converti à la foi protestante plus de prosélytes
écossais que tous les efforts de Knox lui-même. Dans le
fait cet ancien système, qui avait si bien accommodé

ses doctrines aux besoins et aux désirs d'un siècle barbare, ressemblait, depuis la découverte de l'imprimerie
et les progrès des lumières, à une vaste baleine sur laquelle un grand nombre de pêcheurs dardaient leurs
harpons. L'Église romaine d'Écosse en particulier était
à son dernier soupir, mais soutenant encore le combat
dans ses derniers efforts contre ses assaillans, qui de
tous côtés la harcelaient de leurs armes. Il était plusieurs
grandes villes où les monastères avaient été détruits par
la fureur de la populace; dans les campagnes leurs possessions avaient été usurpées par les nobles qui avaient
embrassé le religion réformée. Cependant la hiérarchie
spirituelle était encore une loi de l'état, et le clergé catholique conservait ses droits et ses privilèges quand il pouvait les faire valoir. L'abbaye de Sainte-Marie de Kennaquhair paraissait être dans cette situation. Elle jouissait
encore de toutes ses possessions et de toute son influence;
les grands barons qui en étaient voisins n'avaient pas
mis la main sur ses domaines, tant parce qu'ils tenaient
au parti qui voulait maintenir l'ancienne religion, que
parce qu'ils auraient eu de la peine à s'entendre pour en
faire le partage, et l'on savait d'ailleurs que ce monastère était spécialement protégé par les puissans comtes
de Westmoreland et de Northumberland, dont le zèle
pour la foi catholique causa ensuite la rébellion qui
éclata dans la dixième année du règne d'Élisabeth.

Dans cette heureuse position, les amis de la cause du
catholicisme supposaient que quelques exemples frap-
pans de courage et de sévérité, dans les domaines où
les franchises de l'Église étaient encore entières et sa
juridiction respectée, pourraient paralyser les progrès
de la secte naissante. Cet exemple, exercé à l'abri des

lois existantes et de la faveur de la reine, serait peut-
être le moyen de conserver les territoires que Rome
possédait encore en Écosse, et peut-être de recouvrer
ceux qu'elle avait perdus.

Cette question avait été débattue plus d'une fois par
les catholiques du nord de l'Écosse, qui avaient com-
muniqué leurs idées à ceux du sud. Le père Eustache,
enchaîné par ses vœux publics et particuliers, avait pris
la chose avec l'ardeur de son zèle, et donné l'avis de
condamner au bras séculier le premier prédicateur de
la réforme ou tout hérétique d'importance qui serait
trouvé dans les limites de la communauté. Un cœur naturellement aimant, sensible et noble, fut dans cette circonstance, comme dans mille autres, abusé par sa
propre générosité. Le père Eustache aurait été un fort
mauvais inquisiteur en Espagne, où la religion catholique était toute-puissante, et il n'aurait éprouvé que
de la compassion pour un criminel dont les opinions ne
pouvaient ébranler le culte établi. Mais les choses étaient
toutes différentes en Écosse pendant cette époque critique. La question était de savoir si quelque membre du
clergé oserait, au hasard de sa propre vie, soutenir les
droits de l'Église. En était-il un qui s'armerait de la
foudre pour les défendre? ou ces carreaux, jadis si
redoutés, demeureraient-ils (comme ceux qu'on laisse
entre les mains d'un Jupiter de marbre) un objet de
dérision plutôt que de terreur? Tout était réuni pour
enflammer l'ame du père Eustache; il s'agissait pour
lui d'exécuter avec une sévérité stoïque une mesure qui,
selon l'opinion générale, devait être avantageuse à
l'Église; et qui, selon les anciennes lois et sa conscience,
était non-seulement autorisée, mais encore méritoire.

Pendant que ces questions étaient agitées par les catholiques, le hasard leur offrit une victime : Henri Warden, animé de ce zèle fougueux qui distinguait les réformateurs de ce siècle, avait tellement outrepassé les bornes de la liberté qu'on accordait à sa secte, qu'on avait pensé que la dignité de la couronne exigeait qu'il fût mis en jugement. Des ordres avaient été donnés pour l'arrêter ; et il s'était enfui d'Édimbourg avec des lettres de recommandation de lord James Stewart, devenu depuis le célèbre comte de Murray, pour quelques chefs voisins des frontières, qu'il priait de faciliter son évasion en Angleterre. Une de ces lettres était adressée à Julien Avenel, car ce baron avait des intelligences avec les deux partis ; et, quoique dépourvu de principes, il n'aurait pas trahi l'hôte qui lui était recommandé par lord James, si le zèle imprudent du prédicateur ne se fût mêlé de ce qu'il appelait ses affaires de famille. Mais, tout en voulant se venger de la morale que Warden avait osé lui faire, et du scandale qu'il avait causé dans son château, Julien résolut d'unir le soin de ses intérêts à celui de sa vengeance ; et, au lieu de procéder à quelque voie de fait pour punir l'insolent qui l'avait bravé chez lui, il se détermina à le livrer à l'abbé de Sainte-Marie, afin d'avoir un prétexte pour en réclamer soit une récompense en argent, soit une concession de terre à vil prix, ce qui était un des moyens employés alors par les nobles pour dépouiller les établissemens religieux.

Le sous-prieur de Sainte-Marie vit donc tout à coup entre ses mains l'ennemi le plus actif de l'Église, et se sentit sommé de remplir les promesses qu'il avait faites

8

aux amis de la foi catholique, en éteignant l'hérésie dans le sang de son propagateur le plus zélé.

Il faut dire à l'honneur de la sensibilité du père Eustache, que la nouvelle qu'il reçut de la prise d'Henry Warden lui fit éprouver une émotion de tristesse plutôt que de joie; mais bientôt son cœur se livra à un sentiment de triomphe.

— Il est cruel, se dit-il à lui-même, de faire souffrir un homme; il est terrible de faire couler le sang; mais le juge à qui furent confiés le glaive de saint Paul et les clefs de saint Pierre ne doit pas reculer devant sa tâche. Notre glaive se tournerait de lui-même contre notre sein si nous ne l'opposions d'une main ferme aux ennemis irréconciliables de la sainte Église, PEREAT ISTE! qu'il périsse! c'est la peine qu'il a encourue, et il aurait à sa suite tous les hérétiques armés de l'Écosse, qu'ils ne pourraient faire changer sa sentence.

Qu'on amène cet hérétique, continua-t-il en élevant la voix d'un ton d'autorité.

On amena Henry Warden les mains liées, mais les pieds en liberté.

— Que tout le monde se retire, dit le sous-prieur, excepté une sentinelle pour veiller sur le prisonnier.

Christie renvoya ses satellites; et, tirant son épée, se mit lui-même en faction devant la porte.

Le juge et l'accusé se trouvaient en face, et l'on voyait briller sur les traits de l'un et de l'autre la confiance de l'intégrité. Le moine allait s'acquitter de ce qu'il regardait comme un devoir, sans s'inquiéter des dangers qui pouvaient en résulter pour lui ou pour son couvent; et le prédicateur, inspiré par un zèle plus éclairé, était prêt à se soumettre à tout pour l'amour de son Dieu,

et à sceller de son sang, s'il le fallait, sa divine mission.
Placés à un temps assez éloigné pour pouvoir apprécier
l'impulsion des différens principes qui les dirigeaient,
nous ne pouvons hésiter sur celui qui méritait la palme;
mais le zèle du père Eustache était aussi exempt de
passion et de vues personnelles que s'il avait été consa-
cré à une meilleure cause.

Ils s'approchaient l'un de l'autre armés pour le combat spirituel, et se mesurant des yeux comme si chacun
espérait découvrir quelque défaut dans l'armure de son
antagoniste, lorsque tout à coup d'anciens souvenirs
commencèrent à se réveiller dans leurs cœurs, et ils
firent en même temps un mouvement de surprise, en
reconnaissant des traits qui ne leur étaient pas étrangers. Ils avaient été amis au collège et à l'université,
mais ils ne s'étaient pas revus depuis ce temps, et le
moine ayant changé de nom, selon l'usage, en faisant
profession religieuse, comme le prédicateur en avait
changé pour sa sûreté, ils n'avaient pu se reconnaître
réciproquement dans le rôle opposé qu'ils avaient joué
dans ce grand drame religieux et politique.

— Henry Wellwood! s'écria le sous-prieur.

— William Allan! dit le prédicateur.

Et tous deux, émus à ces noms familiers et par le
souvenir de cette amitié de collège qui ne s'efface jamais, se serrèrent la main avec affection.

— Qu'on détache ses liens! dit le père Eustache; et
lui-même il aida Christie à exécuter cet ordre, quoique
le prisonnier voulût à peine consentir à être délivré,
répétant avec emphase qu'il se réjouissait de la cause
pour laquelle il souffrait l'opprobre. Cependant, quand
ses mains furent en liberté, il témoigna sa reconnais-

sance en répondant à l'étreinte amicale du sous-prieur et échangeant avec lui un regard affectueux.

Leur salut était généreux et franc de part et d'autre ; mais ce ne fut bientôt plus que cette marque d'égards que se donnent deux champions prêts à combattre, pour prouver qu'ils suivent l'impulsion non de la haine, mais de l'honneur. En songeant à la situation où ils se trouvaient l'un envers l'autre, leurs mains se séparèrent comme d'un commun accord, et ils se regardèrent tous deux avec une expression de chagrin. Le sous-prieur rompit le silence le premier.

— Voilà donc, s'écria-t-il, à quoi ont abouti cette activité d'esprit infatigable, cette soif ardente de la vérité que rien ne pouvait apaiser, cet amour du travail que nulle difficulté ne pouvait arrêter ! Voilà donc la fin de la carrière de Wellwood ! Après nous être connus, nous être aimés et estimés pendant les plus belles années de notre vie, quand nous nous retrouvons dans notre vieillesse, c'est en qualité, moi de juge, et vous de criminel !

— Ou plutôt d'aveugle oppresseur et de victime dévouée, s'écria Warden, car, pour éviter toute confusion, nous continuerons à lui donner ce dernier nom. Et moi aussi je pourrais m'écrier : — Qu'est devenue la riche moisson d'espérances que promettaient les connaissances classiques, la raison, la pénétration d'esprit et la vaste science de William Allan ? Est-ce bien lui qui a pu se résoudre à vivre dans une cellule comme un frelon, et distingué du reste de l'essaim par la noble mission de faire peser le glaive vengeur de Rome sur ceux qui osent lutter contre elle.

— Ce ne sera ni à toi ni à aucun homme mortel, dit

le sous-prieur, que je rendrai compte du pouvoir dont l'Église m'a investi. Il ne m'a été confié que pour son avantage, et j'en userai, malgré tous les risques, sans crainte comme sans partialité.

— Je n'attendais pas moins de votre zèle mal dirigé, répondit Warden, et vous rencontrez en moi un homme sur qui vous pouvez exercer sans crainte votre autorité; je suis sûr du moins que mon ame la défiera comme les neiges de ce Mont-Blanc, que nous visitâmes ensemble, bravent la chaleur du soleil.

— Je te crois, reprit le sous-prieur; je crois que ton ame est en effet un métal que la force ne saurait rendre malléable. Qu'elle cède à la persuasion. Discutons ces sujets de dogme comme nous avions coutume autrefois de conduire nos disputes scolastiques, alors que les heures, les jours s'écoulaient dans l'exercice mutuel de nos facultés intellectuelles. Peut-être entendras-tu encore la voix du pasteur, et tu rentreras dans le grand bercail.

— Non, Allan, répliqua le prisonnier, il ne s'agit pas d'une vaine question discutée par des scolastiques rêveurs pour aiguiser leur intelligence. Les erreurs que je combats sont comme ces démons qui ne peuvent être chassés que par le jeûne et la prière. Hélas! il est peu d'élus parmi les sages, parmi les savans. Le hameau et la chaumière porteront témoignage contre les écoles et leurs disciples. Ta sagesse, qui n'est que folie, te fait, comme il advint aux Grecs d'autrefois, regarder comme folie ce qui est la vraie sagesse.

— Voilà, s'écria le moine d'un air sévère, voilà le jargon de cet enthousiasme ignorant qui appelle de la science et de l'autorité que Dieu nous a données pour

nous guider par l'intermédiaire des conciles et des
pères de l'Église; qui en appelle, dis-je, à une inter-
prétation arbitraire et imprudente des Écritures ac-
commodées à l'opinion particulière de chaque hérétique.

— Je dédaigne de répondre à cette accusation, dit le
prédicateur : la question qui s'agite entre ton Église et
la mienne, c'est de savoir si nous serons jugés par les
saintes Écritures ou par les préjugés et les décisions de
ces hommes sujets à l'erreur comme nous, qui ont défiguré notre sainte religion par de vaines pratiques, en
élevant des idoles de pierre et de bois à ceux qui étaient
sur la terre des créatures du péché, en leur faisant partager le culte dû au seul Créateur, et en établissant une
maison de péage entre le ciel et l'enfer : ce purgatoire
dont le pape tient la clef, comme un juge inique com-
mue les peines pour un salaire, de même....

— Silence, blasphémateur ! s'écria le moine, ou je
ferai fermer avec un bâillon ta bouche sacrilège.

— Oui, reprit Warden, telle est la liberté des con-
férences auxquelles nous invitent les prêtres de Rome...
Le bâillon, le chevalet, la hache du bourreau, voilà
l'*ultima ratio Romæ.* Mais il faut que tu saches, mon vieil
ami, que l'âge n'a pas changé le caractère de ton ancien camarade, et qu'il osera braver pour la cause de
la vérité tous les tourmens qu'il plaira à ton orgueilleuse
hiérarchie de lui faire subir.

— Oh ! pour cela, dit le moine, je n'en doute nullement ; tu fus toujours un lion prêt à te retourner sur le
chasseur, et non un cerf que le son du cor met en fuite.

Le père Eustache se promena dans la chambre en silence pendant quelque temps.

.. — Wellwood, dit-il enfin, nous ne pouvons plus
être amis; notre foi, notre espérance, notre ancre de
salut pour l'avenir ne sont plus les mêmes.

— C'est avec une profonde douleur que je t'entends
dire cette vérité, répondit l'apôtre de la réforme. Dieu
m'est témoin que j'achèterais de tout mon sang la conversion d'une ame comme la tienne.

—Je puis exprimer le même vœu, et avec plus de raison, reprit le sous-prieur. Un bras comme le tien né
devrait-il pas défendre les remparts de l'Église? et te
voilà dirigeant le bélier pour les ébranler et ouvrir la
brèche où le pillage et la destruction semblent déjà appeler tous ceux qui sont lâchement avides de richesses
et de changement dans ce siècle d'innovation! Mais
puisque notre destinée nous défend de combattre
comme amis à côté l'un de l'autre, agissons du moins
en ennemis généreux; tu ne peux avoir oublié ces vers:

> *O gran bontà dei cavalieri antiqui,*
> *Erano nemici, eran' de fide diversa.....*

Mais peut-être, ajouta-t-il en interrompant tout à coup
sa citation, ta nouvelle foi te fait une loi d'expulser de
ta mémoire les sentimens de loyauté et de générosité
que célébrèrent de grands poètes?

. — La foi de Buchanan, reprit le prédicateur, la foi
de Buchanan et de Théodore de Bèze ne saurait être
ennemie de la littérature; mais le poète que vous avez
cité appartient plutôt aux loisirs d'une cour dissolue,
qu'à un couvent solitaire.

— Je pourrais répondre sur ce Théodore de Bèze,
dit le sous-prieur en souriant; mais je hais le censeur

qui, semblable à l'insecte des cadavres, passe sur tout ce qui jouit de la vie, pour s'attacher à ce qui est corrompu. Venons au fait : si je t'emmène ou si je t'envoie prisonnier à Sainte-Marie, tu passeras cette nuit dans un cachot, et demain tu seras pendu au gibet. Si je te rends la liberté, je manque à ce que je dois à la sainte Église et aux vœux solennels qui me lient. On peut prendre d'autres résolutions dans la capitale ; un meilleur temps peut arriver. Consens-tu à rester prisonnier sur parole, quoi qu'il puisse survenir ? Veux-tu me promettre solennellement qu'à ma première réquisition tu te présenteras devant l'abbé et le chapitre de Sainte-Marie, et que tu ne t'éloigneras pas de cette maison à plus d'un quart de mille? Veux-tu, dis-je, me donner ta parole à cet égard ? Telle est la confiance que je place en ta bonne foi, que tu demeureras ici sans autre précaution, et seulement soumis à l'obligation de comparaître devant notre cour suprême.

Le prédicateur réfléchit un moment. — Je ne voudrais point, dit-il, enchaîner ma liberté naturelle par aucun engagement volontaire ; mais je suis déjà en votre pouvoir, et vous avez le droit d'exiger ma réponse. En promettant de ne point dépasser les limites convenues, et de comparaître lorsque je serai sommé de le faire, je ne renonce pas à la liberté qui me reste ; au contraire, étant dans les fers et à votre merci, j'obtiens une liberté que je n'avais pas. J'accepte donc votre offre, et je reconnaîtrai honorablement votre courtoisie.

— Arrête, poursuivit le sous-prieur, j'oubliais une condition importante ; il faut aussi que tu me promettes de ne point abuser de la liberté dont tu jouiras, pour prêcher et enseigner directement ou indirectement au-

cune de ces hérésies pestilentielles qui ont de nos jours
fait passer tant d'ames du royaume de lumière au
royaume des ténèbres.

— Alors notre traité est rompu, dit Warden avec
fermeté; malheur à moi si je renonce à prêcher l'Évangile!

Le visage du sous-prieur devint sombre; il marcha
encore à grands pas dans l'appartement, et murmura à
voix basse : — Maudite soit sa folle opiniâtreté! Puis
s'arrêtant tout à coup, il reprit son argument.

— Ce refus, dit-il, n'est qu'une opiniâtreté puérile,
Wellwood; et pour t'en convaincre j'emploierai ton
propre raisonnement. Je puis te charger de fers, et te
jeter dans un cachot où nulle oreille ne pourra t'entendre. Ainsi, en me faisant la promesse que j'exige de
toi, tu ne m'accordes que ce qu'il n'est pas en ton pouvoir de me refuser.

— Je n'en sais rien. Il est très-vrai que tu peux me
confiner dans un cachot : mais qui sait si mon maître
ne m'y prépare pas une moisson à recueillir? Les
chaînes des saints ont plus d'une fois servi à rompre
celles du démon; et ce fut dans une prison que le bienheureux saint Paul répandit la lumière du salut sur son
geôlier et sur toute sa famille.

— Si tu as la vanité de te comparer au saint apôtre,
dit le sous-prieur d'un ton mêlé de colère et de mépris,
il est temps de mettre fin à notre conférence. Prépare-
toi à subir ce que méritent ton obstination et ton hérésie. Garottez-le! dit-il à Christie.

Se soumettant avec orgueil à son sort, et regardant le
sous-prieur avec un sourire de supériorité, le prédica-

teur présenta de lui-même les mains pour qu'on les liât.

— Ne m'épargne pas, dit-il à Christie ; car ce maraudeur lui-même hésitait en resserrant les liens.

Cependant le sous-prieur avait baissé son capuchon sur ses yeux comme pour cacher son émotion : telle est celle qu'éprouve un chasseur prêt à tirer le coup fatal sur un noble cerf dont la majesté lui inspire une espèce de pitié respectueuse ; telles sont les émotions de l'oiseleur qui, visant de son fusil un aigle superbe, se décide avec peine à profiter de son avantage en voyant le monarque des airs braver fièrement, avec ses plumes hérissées, le danger qui le menace.

Le cœur du père Eustache (quel que fût son zèle superstitieux) se sentit attendri, et il douta s'il devait, par l'accomplissement rigoureux de son devoir, mépriser les remords que lui causerait le supplice d'un homme d'un caractère si loyal et si indépendant. Cet homme d'ailleurs avait été l'ami de ses plus heureuses années, passées dans la noble étude des sciences, et consacrées dans les intervalles à la culture plus douce et moins sérieuse des belles-lettres.

Sa main couvrit son visage déjà presque tout-à-fait caché sous le capuchon, et ses yeux se tournaient vers la terre comme pour dissimuler la lutte de ses sentimens plus tendres.

— Si je n'avais à craindre, pensait-il, pour Édouard dont l'esprit est si ardent, si empressé à acquérir de nouvelles connaissances, je pourrais sans danger laisser ici cet enthousiaste avec les femmes, après les avoir prévenues qu'elles ne peuvent sans crime écouter les rêveries de son imagination exaltée.

Comme il se livrait à ces réflexions, un grand bruit à la porte de la tour vint distraire son attention, et au même instant Édouard, l'œil animé et le visage enflammé, se précipita dans l'appartement.

———

CHAPITRE XXII.

— Mon frère n'est pas mort, révérend père, s'écria Édouard en entrant! Il vit, il nous sera rendu! Il n'existe dans le Corrie-nan-Shian ni tombeau ni vestige de tombeau. La terre n'y a été touchée ni par la pelle ni par la pioche, et le gazon est sain et entier autour de la fontaine. Le ciel soit loué! il vit aussi sûrement que je vis moi-même!

L'ardeur du jeune homme, la vivacité avec laquelle il s'exprimait en marchant à grands pas dans la chambre, son œil plein de feu, ses gestes et quelques-uns de ses traits, rappelèrent au souvenir d'Henry Warden Halbert Glendinning, qui lui avait servi de guide la veille. Les deux frères avaient véritablement une ressemblance de famille, quoique l'aîné fût plus grand, plus vigoureux et plus agile que le plus jeune, et quoique Édouard eût ordinairement un air plus tranquille et plus réfléchi.

— De qui parlez-vous, mon fils? lui demanda le prédicateur, d'un ton aussi paisible que s'il n'eût pas été sur le point d'être envoyé dans une prison pour monter ensuite sur un échafaud; de qui parlez-vous? Si c'est un jeune homme ayant les yeux et les cheveux noirs, le teint un peu brun, l'air ouvert, à peu près de votre âge, mais plus grand et en apparence plus vigoureux, dont pourtant les traits ressemblent aux vôtres, et qui a le même son de voix; si tel est le frère que vous cherchez, je puis peut-être vous en donner des nouvelles.

— Parlez donc, et parlez vite, s'écria Édouard; car c'est bien là le portrait de mon frère.

Le sous-prieur lui adressa la même prière, et Warden, sans se faire attendre un instant, leur fit le détail de la manière dont il avait rencontré Glendinning, et décrivit ses vêtemens et tout son extérieur de manière à ne laisser aucun doute sur l'identité de sa personne. Mais quand il vint à parler de l'endroit sauvage et écarté où Halbert l'avait conduit, et qu'après en avoir fait la description, qui ne pouvait s'appliquer qu'au Corrie-nan-Shian, il ajouta qu'il y avait vu l'herbe teinte de sang, un tombeau nouvellement recouvert, et que le jeune homme s'était accusé lui-même d'avoir tué sir

9

Piercy Shafton en combat singulier, le sous-prieur regarda Édouard d'un air de surprise.

— Ne venez-vous pas de nous assurer, lui dit-il, qu'il n'existe en cet endroit ni tombeau ni vestige de tombeau?

— Pas plus de traces que la terre ait été remuée, répondit Édouard, que si l'herbe y avait cru depuis Adam notre premier père; cependant, ajouta-t-il, le gazon paraissait avoir été foulé aux pieds, et était ensanglanté.

— Ce sont des illusions de l'ennemi du genre humain, dit le sous-prieur en faisant le signe de la croix.

— Si cela est, dit Warden, les chrétiens feraient mieux d'avoir recours à l'épée de la prière qu'à ce vain geste, semblable à un charme cabalistique.

— Le signe de notre salut, s'écria le sous-prieur, ne peut être appelé ainsi : le signe de la croix désarme tous les malins esprits.

— Oui, répondit Henry Warden, tout prêt à la controverse; mais ce signe doit être porté dans le cœur, et non tracé en l'air avec la main. Il serait aussi facile de retrouver sur cet air impassible l'empreinte de votre geste, que de prouver qu'une action tout extérieure peut suffire au faux dévot qui substitue d'inutiles génuflexions et des signes de croix aux véritables devoirs de la foi et des bonnes œuvres.

— Je te plains, dit le sous-prieur non moins prompt à riposter, je te plains, Henry, et je ne te réponds pas; tu pourrais aussi aisément mesurer l'Océan avec un crible, que déterminer le pouvoir des saintes paroles, des signes et des gestes par les règles de ta raison.

— Ce n'est pas par ma raison que je veux le juger,

dit Warden, c'est par les livres saints, flambeau fidèle de nos sentiers, à côté duquel la raison humaine n'est plus qu'une torche mourante, et votre tradition si vantée un feu follet trompeur. Montrez-moi sur quel témoignage de l'Écriture vous attribuez une vertu à de vains signes.

— Je t'offrais tout à l'heure un beau sujet de discussion, répondit le sous-prieur. Tu l'as refusé, je ne veux plus reprendre la controverse.

— Quand ces mots devraient être les derniers qui sortiraient de ma bouche, s'écria le réformateur; quand je serais sur un chevalet, au milieu des flammes et de la fumée étouffante, je porterais témoignage contre les pratiques superstitieuses de Rome.

Le moine réprima avec peine la réponse qu'il allait faire, et se retournant vers Édouard Glendinning, il lui dit qu'il était temps d'informer sa mère que son fils vivait encore.

— Il y a deux heures que vous l'auriez fait si vous aviez voulu me croire, dit Christie; mais il paraît que vous ajoutez plus de foi à la parole d'un vieux conteur de sornettes, dont la barbe grise n'est occupée qu'à répandre le poison de l'hérésie, qu'à celle d'un brave homme qui n'est jamais parti pour une expédition sur les frontières sans avoir récité son *pater*.

— Allez donc, dit le père Eustache à Édouard, allez annoncer à votre mère que le tombeau lui a rendu son fils, comme celui de la veuve de Zarephta, par l'intercession, ajouta-t-il en regardant Warden, du bienheureux saint Benoît, du patron de notre ordre, que j'ai invoqué en sa faveur.

— Étant toi-même dans l'erreur, dit Warden aussitôt, il n'est pas étonnant que tu cherches à y entraîner les autres. Ce n'était point un homme mort, ce n'était point une créature de boue et d'argile qu'invoquait le bienheureux prophète quand, frappé des reproches de la Sunamite, il demanda au Tout-Puissant que l'ame de l'enfant revînt animer son corps.

— Ce fut pourtant par son intercession que ce miracle s'opéra, répondit le sous-prieur; car que dit la Vulgate : — Le Seigneur exauça la prière d'Élie : l'ame de l'enfant revint dans son corps ; et il fut ressuscité. Or crois-tu que l'intercession d'un saint admis à participer à la gloire éternelle soit moins puissante auprès de Dieu que lorsqu'il est sur la terre créature de boue et d'argile, comme tu le disais tout à l'heure, et ne voyant que par les yeux de la chair?

Pendant cette controverse, Édouard semblait dévoré d'impatience et agité de quelque vive émotion; mais était-ce de joie, de chagrin, d'inquiétude ou d'espérance, c'était ce que sa physionomie n'exprimait pas bien clairement. Contre son usage, il prit la liberté d'interrompre le discours du sous-prieur, qui n'était pas fâché d'avoir une occasion de se livrer à la contro verse, et le conjura de lui accorder sur-le-champ un entretien particulier.

— Emmenez le prisonnier, dit le sous-prieur à Christie; qu'on veille sur lui avec soin, qu'il ne puisse s'échapper; mais qu'on ne lui fasse subir ni insultes ni mauvais traitemens : je vous en rends responsable.

Cet ordre ayant été exécuté, Édouard se trouvant seul avec le sous-prieur, celui-ci lui adressa la parole en ces termes :

— Qu'avez-vous donc, Édouard? pourquoi vos yeux

sont-ils égarés? pourquoi votre visage est-il couvert, tantôt d'un rouge foncé, tantôt d'une pâleur mortelle? pourquoi m'avez-vous interrompu lorsque j'employais de puissans argumens pour terrasser un hérétique? pourquoi surtout ne vous êtes-vous pas empressé d'aller sécher les larmes de votre mère affligée, en lui annonçant que son fils lui est rendu?

— Il faut donc, répondit Édouard, que je lui apprenne que si elle retrouve un fils, elle va en perdre un autre.

— Que voulez-vous dire, Édouard, que signifie un tel langage?

— Mon père, répondit le jeune homme en se mettant à genoux devant lui, il faut que je vous confesse ma honte et mon péché, et vous verrez de vos propres yeux la pénitence que j'en ferai.

— Je ne vous comprends pas, mon fils : que pouvez-vous avoir fait pour que vous portiez contre vous une pareille accusation? Auriez-vous aussi ouvert l'oreille au démon de l'hérésie, le tentateur le plus dangereux pour ceux qui, comme le malheureux que vous venez de voir, se distinguent par leur amour pour la science?

— Je n'ai rien à me reprocher à ce sujet, mon digne père : je n'ai pas assez de présomption pour avoir sur la religion des opinions différentes de ce que vous m'avez enseigné et de ce que croit la sainte Église.

— Qu'est-ce donc qui alarme ainsi votre conscience? Parlez-moi, que je puisse vous donner les paroles de consolation. La miséricorde de l'Église est grande pour les enfans obéissans qui ne doutent pas de son autorité.

— Mes aveux en auront besoin, mon père. Mon frère

9.

Halbert, ce frère si bon, si brave, si affectueux, qui ne pensait, ne parlait, n'agissait que par affection pour moi, dont la main m'aidait dans toutes mes difficultés, dont l'œil veillait sur moi comme l'aigle veille sur ses aiglons quand ils prennent l'essor pour la première fois, eh bien! j'ai appris sa mort soudaine, prématurée, violente, et je m'en suis réjoui! J'ai appris qu'il nous était rendu, et j'en ai conçu du chagrin!

— Vous n'avez pas l'usage de vos sens, Édouard. Quel motif aurait pu vous porter à une ingratitude si odieuse? Le trouble de votre esprit fait que vous vous êtes mépris sur la nature de vos sentimens. Allez, mon fils, allez vous mettre en prière; tâchez de calmer votre agitation, et nous parlerons de cet objet dans un autre moment.

— Non, mon père, non, s'écria Édouard avec véhémence; maintenant ou jamais! je trouverai le moyen de dompter ce cœur rebelle. M'être mépris sur la nature de mes sentimens! Non, mon père, on ne prend pas le chagrin pour de la joie. Tout était livré à la douleur et au désespoir autour de moi; ma mère, les domestiques, elle aussi..... elle, la cause de mon crime, tous pleuraient; et moi je pouvais à peine déguiser ma joie barbare sous l'apparence de la soif de la vengeance. Mon frère, disais-je, je ne puis te donner de larmes, mais je te donnerai du sang. Oui, mon père, je comptais les heures l'une après l'autre en veillant sur le chevalier anglais; et je me disais chaque fois que je les entendais sonner: Me voilà d'une heure plus près de l'espérance et du bonheur!

— Je ne vous comprends pas, Édouard; je ne conçois pas pourquoi la mort présumée de votre frère a pu vous inspirer une joie si dénaturée. Serait-il possible que le désir sordide de succéder à ses petites possessions.....

— Périssent toutes les misérables richesses du monde! s'écria Édouard avec une émotion toujours croissante. Non, mon père, c'est une rage jalouse, c'est l'amour, l'amour pour Marie Avenel, qui a fait naître en moi des sentimens qui me rendent en horreur à moi-même.

— Pour Marie Avenel! s'écria le père Eustache : pour une dame dont le rang est si élevé au-dessus du vôtre! Comment est-il possible que vous, qu'Halbert, ayez jamais pu lever les yeux sur elle autrement que pour l'honorer et la respecter?

— L'amour ne consulte pas les distinctions de la naissance, répondit Édouard. Et en quoi Marie, élevée avec nous sous les yeux de notre mère, différait-elle de nous, si ce n'est par une longue suite d'aïeux qui n'existent plus? En un mot nous l'aimions, nous l'aimions tous deux; mais Halbert était payé de retour. Il n'en savait rien, il ne le voyait pas; mais j'avais de meilleurs yeux. Je voyais que lors même que Marie approuvait davantage ma conduite, son cœur parlait toujours pour mon frère. Elle passait tête-à-tête avec moi des heures entières avec l'innocence et la simplicité d'une sœur; elle n'osait en faire autant avec Halbert, de crainte de laisser paraître ses sentimens secrets. Elle changeait de couleur, elle tremblait quand il approchait d'elle; et quand il s'éloignait, elle était triste et pensive. Je voyais tout cela, mon père, et je le supportais; j'étais le témoin des progrès qu'il faisait tous les jours dans son cœur, et je ne le haïssais point; non, je n'aurais pu le haïr.

— Et quel motif auriez-vous eu pour le haïr, jeune imprudent? Pourquoi auriez-vous conçu de la haine contre votre frère, parce qu'il était coupable de la même folie que vous?

— Le monde, mon père, vante votre sagesse et la connaissance que vous avez du cœur humain; mais la question que vous me faites prouve que vous n'avez jamais aimé. Ce fut par un effort sur moi-même que je parvins à ne pas haïr mon bon et tendre frère, qui, ne soupçonnant pas que j'étais son rival, me comblait sans cesse de preuves d'affection. Il y avait même des momens où je me sentais capable de répondre à sa tendresse avec toute l'énergie de l'enthousiasme, et je ne l'éprouvai jamais si fortement que la dernière nuit que je passai près de lui. Et cependant je ne pus m'empêcher ni de me réjouir quand j'appris qu'il ne pourrait plus mettre obstacle à mes désirs, ni de m'affliger quand je sus que j'allais de nouveau le trouver entre l'objet de mon affection et moi.

— Que la protection du ciel veille sur vous, mon fils! s'écria le sous-prieur. Vous êtes dans une situation d'esprit véritablement effrayante! Telle était celle du premier meurtrier, quand il leva la main contre son frère, parce que les sacrifices d'Abel étaient plus agréables au Seigneur.

— Je lutterai contre l'esprit malin qui me poursuit, mon père; oui, je lutterai contre lui et je le subjuguerai; mais il ne faut pas que mes yeux soient témoins des scènes qui vont se passer ici; je ne pourrais supporter le spectacle de la joie qui va briller dans les yeux de Marie Avenel quand elle reverra l'amant qu'elle préfère; cette vue serait capable de faire de moi un se-

cond Caïn. Sais-je à quoi pourrait me porter la fré-
nésie de mon désespoir ?

— Malheureux ! s'écria le sous-prieur, de quel crime
épouvantable oses-tu seulement concevoir l'idée !

— C'est parce qu'il me fait horreur que je vous en
parle, mon père. Mais j'ai pris mon parti : je veux me-
dévouer à l'état religieux que vous m'avez si souvent
engagé à embrasser ; je veux vous suivre au monastère
de Sainte-Marie, et avec la permission de la sainte
Vierge et de saint Benoît, demander à l'abbé la permission de prononcer mes vœux.

— Pas à présent, mon fils : ce n'est pas dans la disposition d'esprit où je vous vois que je puis vous permettre de vous charger de liens indissolubles qui vous
coûteraient peut-être ensuite bien des regrets. Il est
louable de sacrifier le monde pour s'attacher à Dieu ;
mais ce sacrifice doit être réfléchi, et ne doit pas être
fait dans l'effervescence des passions. Si je vous parle
ainsi, mon fils, ce n'est point pour détourner vos pas
du sentier où vous paraissez vouloir entrer, c'est parce
que je veux être sûr de votre vocation.

— Il est certaines résolutions, mon père, répondit
Édouard avec fermeté, qui veulent être exécutées aussitôt qu'elles sont formées, et celle dont je viens de
vous faire part est de ce nombre. Il faut qu'elle soit accomplie sur-le-champ, ou elle ne le sera peut-être jamais. Permettez-moi de vous suivre. Il ne faut pas que
mes yeux voient la rentrée d'Halbert dans cette maison. La honte des indignes sentimens que j'ai conçus
contre lui se joindra aux passions terribles qui m'agitent
déjà... Je vous le répète, mon père, permettez-moi de
vous suivre.

— Eh bien ! mon fils, vous me suivrez, j'y consens;
mais vous saurez que notre règle, ainsi que la raison,
exigent que vous passiez avec nous un certain temps d'é-
preuve, en qualité de novice, avant qu'il vous soit
permis de prononcer ces vœux définitifs qui, en vous
séparant à jamais du monde, vous consacreront au service du ciel.

— Et quand partirons-nous, mon père? demanda le
jeune homme avec le même empressement que s'il se
fût agi de courir à une fête.

— A l'instant même si vous le désirez, répondit le
père Eustache, cédant à son impétuosité. Allez vous
préparer à partir. Mais un moment, ajouta-t-il, comme
Édouard le quittait avec la vivacité qui formait un nouveau trait dans son caractère, approchez-vous, mon
fils, et remettez-vous à genoux.

Édouard obéit. Quoique le sous-prieur n'eût pas une
physionomie imposante, son ton énergique et sa dévo-
tion vive et sincère inspiraient un sentiment de respect à
tous ceux qui le prenaient pour leur guide spirituel.
Son cœur était toujours de moitié avec le devoir pour
remplir la tâche que ses fonctions sacerdotales lui im-
posaient, et le prêtre qui prouve ainsi qu'il est profondément convaincu de l'importance de son ministère
manque rarement de produire une impression semblable sur l'esprit de ceux qui l'écoutent. En pareille
occasion la petite taille du père Eustache semblait devenir une stature majestueuse; ses traits s'ennoblis-
saient, on eût dit que sa voix, toujours belle et expres-
sive, ne s'exprimait que par l'inspiration de la Divinité;
enfin, tout en lui annonçait non un homme ordinaire,
mais l'organe de l'Église, l'être auquel elle avait confié

ses pouvoirs pour décharger le pécheur de son fardeau d'iniquités.

— Mon fils, lui dit-il, m'avez-vous fidèlement raconté toutes les circonstances qui vous ont si soudainement déterminé à embrasser la vie religieuse?

— Je vous ai fait l'aveu de toutes mes fautes, mon père, mais je ne vous ai point encore parlé d'une aventure étrange qui, par l'impression qu'elle a faite sur mon esprit, a, je crois, contribué à me faire prendre cette résolution.

— Faites-m'en donc le récit. Il est de votre devoir de ne rien me laisser ignorer, afin que je puisse bien connaitre toutes les tentations qui vous obsèdent.

— C'est avec répugnance que je vous la raconterai, mon père; car, quoique je prenne Dieu à témoin que je ne vous dirai que la vérité, moi-même je serais tenté de la regarder comme une fable.

— N'importe, expliquez-vous sans réserve. Je puis avoir des raisons pour regarder comme vrai ce que les autres pourraient traiter de mensonge.

— Sachez donc, mon père, que partagé entre la crainte et l'espérance... quelle espérance, grand Dieu! celle de trouver le corps ensanglanté d'un frère! je me rendis dans l'endroit sauvage nommé le *Corrie-nan-Shian*. Mais, comme Votre Révérence le sait déjà, dans ce lieu où Martin avait vu un tombeau ce matin, je n'en trouvai nulle trace, et je ne vis aucune marque qui indiquât que la terre y eût jamais été remuée. Vous savez que cet endroit a un mauvais renom. Mes compagnons, voyant que le témoignage de leurs yeux contredisait le rapport de Martin, prirent l'épouvante, et s'enfuirent précipitamment. Je me trouvais trop déçu dans mon cruel espoir, et j'éprouvais trop d'agitation pour craindre les vivans ou les morts. Je quittai donc ce lieu à pas lents, n'étant pas fâché que la frayeur de mes amis m'eût laissé la liberté de me livrer à mes sombres réflexions. La crainte paraissait leur prêter des ailes, et je les avais perdus de vue, lorsque me retournant encore vers le lieu qui avait trompé mon espoir, je vis une femme debout près de la fontaine.

— Songez bien à ce que vous me dites, mon fils, et ne plaisantez pas avec votre situation actuelle.

— Je ne plaisante pas, mon père. Dieu sait si je serai jamais tenté de plaisanter à l'avenir. Je vous dis que je vis une femme vêtue d'une robe blanche, telle qu'on représente l'esprit qu'on dit veiller sur les destins de la famille d'Avenel. Ne refusez pas de me croire, mon père, car j'atteste le ciel et la terre que je ne vous dis que ce que j'ai vu de mes propres yeux.

— Je vous crois, mon fils. Continuez cette étrange histoire.

— Cette femme, ou pour mieux dire cet esprit, prononça ou chanta quelques vers d'un ton lent et mélancolique, après quoi je la vis s'évanouir graduellement, et se confondre avec l'air qui l'entourait. Voici ce qu'elle chantait, car quelque étrange que cela puisse vous paraître, ces paroles sont restées gravées dans ma mémoire aussi fidèlement que si je les eusse apprises dans ma jeunesse :

> Toi qu'une espérance inhumaine,
> Et que tu n'oses t'avouer,
> Amène aux bords de ma fontaine,
> Vois tous tes projets échouer.
> Tu cherchais le tombeau d'un frère;
> Tu n'en trouves point en ces lieux;

Car le tranchant du cimeterre
N'a point encor fermé ses yeux.

C'est à toi de mourir au monde.
Va joindre ces pieux reclus,
Qu'en leur solitude profonde
Les passions n'agitent plus.
Va dans l'ombre du monastère
Cacher tes regrets en ce jour,
Et que le jeûne et la prière
De ton cœur bannissent l'amour.

— Cette aventure est vraiment singulière, dit le sous-prieur; mais quel que soit le pouvoir surnaturel auquel nous devions l'attribuer, nous pouvons faire tourner les machinations de Satan à sa honte. Vous viendrez avec moi comme vous le désirez, Édouard, et vous ferez votre noviciat dans la vie religieuse, à laquelle depuis long-temps je vous ai cru appelé. Vous aiderez ma main tremblante, mon fils, à soutenir l'arche sainte que des hommes audacieux et téméraires n'osent que trop souvent toucher et profaner. Allez faire vos adieux à votre mère.

— Je ne veux voir personne, s'écria Édouard. Je ne veux pas risquer de sentir ma résolution s'ébranler. C'est du monastère de Sainte-Marie que je la leur apprendrai. Alors ils la sauront tous, ma mère, Marie Avenel, mon heureux frère, ce frère que j'aime toujours et dont je désire le bonheur, malgré les sentimens de jalousie dont je n'éprouve encore que trop l'influence. Ils sauront qu'Édouard ne vit plus au monde, n'est plus un obstacle à leur bonheur. Marie n'aura plus besoin de se contraindre pour donner à ses regards une expression de froideur et d'indifférence parce qu'elle me voit près d'elle; elle pourra...

— Mon fils, dit le père Eustache, ce n'est point en regardant en arrière, en reportant les yeux sur les vanités du monde et sur les passions qui y règnent, qu'on se met en état de remplir les devoirs de la profession religieuse. Faites seller nos chevaux, et chemin faisant je vous apprendrai comment on peut trouver le bonheur dans le sein des souffrances.

CHAPITRE XXXIII.

———

« Sur ma foi, tout cela semble bien embrouillé.
» C'est comme un peloton que quelque tricoteuse,
» Près du coin de son feu dormant en paresseuse,
» Laisse, sans le vouloir, échapper de sa main,
» Et qu'un chat, jeune encore, tirant à lui soudain,
» Pousse, retire ensuite, et puis repousse encore. »

Ancienne comédie.

EDOUARD fit préparer son cheval et celui du sous-prieur avec la promptitude d'un homme qui craint de vaciller dans sa résolution. Il alla ensuite remercier ses voisins du secours qu'ils lui avaient apporté, et leur annonça son départ, qui les surprit autant que la tournure que les affaires avaient prises.

— Voilà une hospitalité un peu froide, dit Dan d'Howlet-Hirst à ses compagnons. Tous les Glendinning du monde pourront désormais mourir et ressusciter si bon leur semble, sans que je mette le pied à l'étrier pour eux.

Martin les radoucit en leur servant de l'ale et un repas qui leur avait été préparé ; mais ils mangèrent et burent en silence, et partirent d'un air mécontent.

L'heureuse nouvelle qu'Halbert n'était pas mort se répandit bientôt dans toute la maison. La mère pleurait, et remerciait le ciel, alternativement. Mais, à mesure que son esprit devenait plus calme, l'habitude des soins domestiques reprenait son empire sur elle.—Il faudrait pourtant songer à raccommoder les portes, dit-elle : dans l'état où elles sont, elles n'empêcheraient pas même un chien d'entrer dans la maison.

Tibbie déclara qu'elle avait toujours pensé que pas un Piercy au monde n'était en état de tuer si facilement un jeune homme aussi brave et aussi adroit qu'Halbert ; qu'on pouvait dire tout ce qu'on voulait de ces Anglais, mais quel était celui qui aurait assez de courage et de force pour faire face à un bon Écossais ?

Cette nouvelle fit une impression encore plus profonde sur Marie Avenel, qui, n'ayant été occupée que de sa Bible toute la matinée, y avait appris à prier. Il lui sembla que ses prières avaient été exaucées ; que la compassion du ciel était descendue sur elle d'une manière miraculeuse, et avait ouvert les portes du tombeau pour en laisser sortir celui qu'elle regrettait si vivement. Cet enthousiasme n'était peut-être pas d'accord avec un véritable esprit de religion ; mais il prenait sa source dans la piété la plus sincère.

Tandis qu'Édouard préparait les chevaux, Christie de Clinthill demanda au sous-prieur quels ordres il avait à lui donner relativement au prédicateur hérétique ; et cet homme respectable réfléchit de nouveau aux moyens de concilier ses devoirs envers l'Église avec la compassion que lui inspirait un ancien ami dont il ne pouvait s'empêcher d'admirer la fermeté.

— Si j'emmène ce Wellwood ou Warden à l'abbaye, pensa-t-il, sa perte est assurée. Il mourra dans son hérésie. Le sacrifice de son corps entraînera celui de son ame. Il est vrai qu'on a jugé qu'un grand exemple était nécessaire pour frapper de terreur les hérétiques; mais le nombre en est maintenant devenu si considérable, qu'il peut ne servir qu'à irriter leur fureur et à leur inspirer des projets de vengeance. Il est vrai qu'il se refuse à promettre de ne pas semer son ivraie parmi notre bon grain; mais le terrain est trop stérile ici pour que ces semences pernicieuses puissent y fructifier. J'aurais pu craindre pour Édouard cette soif ardente qu'il a d'acquérir de nouvelles connaissances; mais ce danger n'existe plus, puisqu'il part avec moi. Wellwood ne pourra donc répandre ici ses doctrines dangereuses; je lui sauverai la vie; et qui sait si je ne sauverai pas aussi son ame? Je pourrai travailler à le détromper de ses erreurs. Sa régénération spirituelle serait à l'Église cent fois plus utile que sa mort temporelle.

Après avoir fait ces réflexions qui lui étaient inspirées par l'humanité, et peut-être un peu aussi par l'amour-propre, le bon père Eustache ordonna qu'on amenât le prisonnier devant lui.

— Henry, lui dit-il, quoi que puisse exiger de moi un devoir rigide, je ne puis me résoudre à te conduire à une mort assurée : notre ancienne amitié et la charité chrétienne me le défendent. Je n'exige de toi que la promesse de rester prisonnier sur parole dans cette tour, et de te présenter devant moi quand tu en seras requis.

—Tu as trouvé le moyen, William, répondit le prédicateur, de t'assurer de ton prisonnier bien mieux que par toutes les chaînes dont on aurait pu le charger dans les prisons de ton couvent. Je ne ferai rien qui puisse te faire encourir le blâme et les reproches de tes supérieurs. Je resterai ici d'autant plus volontiers que j'espère t'y revoir, sauver ton ame de Satan, comme un tison qu'on arrache du feu, et te faire rejeter la livrée de l'Antechrist qui fait un commerce des péchés et des ames des hommes ; peut-être, grace à moi, tu trouveras enfin un port assuré sur le rocher des âges.

En entendant ces paroles qui lui rappelaient ses propres sentimens, le sous-prieur éprouva la même ardeur qui enflamme le coq dressé au combat lorsqu'il répond au défi de son rival.

— J'en rends graces à Dieu et à Notre-Dame, dit-il ; ma foi a déjà jeté l'ancre contre le rocher sur lequel saint Pierre fonda son Église.

— Voilà une fausse application du texte, répliqua Henry Warden, c'est un vain jeu de mots, une misérable paronomase.

Le feu de la controverse allait se rallumer, et peut-être se serait-elle terminée par l'ordre de conduire au monastère le malheureux prédicateur, si Christie de Clinthill n'eût fait observer que le soleil était près de se coucher, qu'il fallait traverser la vallée qui ne jouissait pas d'un très-bon renom, et qu'il était à propos de songer au départ. Le sous-prieur ajourna donc sa discussion polémique, et fit ses adieux à Henry Warden,

en lui disant qu'il comptait sur sa gratitude et sa générosité.

—Sois bien assuré, répondit celui-ci, que je ne ferai
volontairement rien qui puisse te compromettre; mais
si mon maître m'appelle dans sa vigne, je dois obéir à
la voix de Dieu plutôt qu'à celle des hommes.

Ces hommes, tous deux supérieurs par leurs talens
naturels et leurs connaissances acquises, avaient plus
de points de ressemblance qu'ils n'auraient voulu en
convenir eux-mêmes. Dans le fait, la principale différence qui les distinguait, c'était que le catholique défendant une religion qui parlait peu au sentiment (1),
son zèle pour la cause qu'il avait épousée venait plutôt
de la tête que du cœur : il était politique, prudent et
plus habile; tandis que le protestant, qui agissait sous
l'impulsion d'une foi nouvelle, et qui se sentait une
plus grande confiance dans sa cause, était plus enthousiaste et plus ardent dans son désir de la propager. Le
prêtre se fût contenté de la défense, le prédicateur as-
pirait à la conquête; et naturellement l'impulsion qui
gouvernait ce dernier était plus active et plus prolon-
cée. Ils ne purent se séparer sans se serrer une seconde
fois la main, et chacun d'eux, en disant adieu à son ancien ami, le regarda d'un air qui exprimait vivement la
douleur, l'affection et la pitié.

(1) Quelle singulière assertion, démentie par le caractère même
du père Eustache, considéré comme le représentant et le champion des doctrines catholiques ! L'auteur oublie souvent, en
s'identifiant à ce personnage, ses préjugés de protestantisme; car
ce culte a les siens comme le culte catholique. On se rappelle cet
Anglais qui disait que pendant son séjour à Rome il s'était senti
catholique chaque fois qu'il assistait aux grandes pompes pontifi-
cales de Saint-Pierre de Rome. — Éd.

Le père Eustache annonça alors à la veuve Glendinning que cet étranger passerait quelques jours chez
elle, lui enjoignant d'avoir pour lui toutes les attentions
que son âge exigeait, mais lui défendant ainsi qu'à
toute sa maison, sous peine des censures spirituelles,
d'avoir avec lui aucune conversation sur des sujets de
religion.

— Que la sainte Vierge me pardonne, révérend père!
dit Elspeth un peu déconcertée de cette nouvelle; mais
vous savez qu'un trop grand nombre d'hôtes a causé la
ruine de plus d'une maison, et je crois que c'est ce qui
arrivera à la tour de Glendearg. D'abord ce fut lady
Avenel, Dieu veuille avoir son ame! Elle n'avait pas de
mauvaises intentions; mais ce n'est que depuis son arrivée ici qu'il a été si souvent question d'esprits et de
revenans. Ensuite vint ce chevalier anglais; et s'il n'a
pas tué mon fils, il l'a fait fuir du logis; et Dieu sait
quand je le reverrai : sans parler du dommage qui a été
fait à mes deux portes. Et maintenant Votre Révérence
me laisse la charge d'un hérétique qui peut nous amener le diable et ses cornes. Celui-ci ne se contentera
pas, dit-on, de la porte et des fenêtres, mais il empor-
tera encore la vieille tour. Au surplus, révérend père,
ce sera suivant votre bon plaisir.

— Vos plaintes sont justes, dame Elspeth, dit le
prieur. Faites réparer vos portes, le couvent en paiera
les frais. Quand on réglera les redevances qui sont dues
pour votre fief, j'aurai soin de vous faire accorder une
indemnité convenable; et, quant à votre fils, je ferai
faire des recherches pour le découvrir.

Dame Elspeth fit une profonde révérence; et quand
le père Eustache eut cessé de parler, elle lui dit qu'elle

espérait qu'il aurait la bonté de parler au meunier relativement à sa fille, et de lui faire sentir que ce n'était par suite d'aucune négligence de sa part qu'elle s'était enfuie avec le chevalier anglais.

— Si elle ne retourne plus au moulin, dit-elle, c'est bien la faute de son père, qui la laissait courir le pays à cheval et ne l'occupait jamais au logis, où elle passait le temps à préparer des friandises pour son faucon.

— Vous me rappelez une autre affaire non moins importante, dit le sous-prieur. Il faut chercher sir Piercy Shafton, afin de lui expliquer les événemens étranges qui viennent de se passer. Il faut aussi tâcher de retrouver cette fille inconsidérée. Si cette malheureuse affaire nuit à sa réputation, je ne me regarderai pas comme exempt de blâme. Mais je ne sais trop quelles mesures prendre pour les découvrir.

— Si vous le voulez, dit Christie, je me chargerai de leur donner la chasse, et je vous les amènerai de gré ou de force. Vous m'avez toujours regardé comme un oiseau de nuit toutes les fois que nous nous sommes rencontrés, et cependant je n'ai pas oublié que sans vous mon cou aurait eu à supporter le poids du reste de mon corps. Si quelqu'un est en état de les dépister, je vous dis que c'est moi ; et je le dirais en face à tous les braves du comté de Merse et du Teviotdale. Mais j'ai d'abord à vous parler de quelques affaires relatives à mon maître, si vous me permettez de descendre la vallée avec vous.

— Mon cher ami, répondit le sous-prieur, vous ne pouvez avoir oublié que je n'ai pas de grands motifs pour désirer d'avoir votre compagnie dans un endroit si solitaire.

—Allons, allons, dit Christie, ne parlons plus de cette sotte affaire dans laquelle j'ai eu le dessous, grace à je ne sais quelle diablesse blanche : je vous assure que je n'ai nulle envie de recommencer. D'ailleurs, ne vous l'ai-je pas dit une douzaine de fois ? je vous dois la vie ; et, quand quelqu'un me rend un bon ou un mauvais office, je ne manque jamais de m'acquitter envers lui tôt ou tard. Ensuite, depuis l'aventure que vous me rappelez, j'ai toujours évité cette maudite vallée. Il faut que je la traverse ce soir, et je veux être pendu si je me soucie d'y passer seul, ou même avec mes quatre gardes, qui sont comme moi de vrais enfans du diable : au lieu que, si Votre Révérence prend son chapelet et son psautier, et que je l'accompagne avec mon épée et ma javeline, nous pouvons braver tous nos ennemis de ce monde et de l'autre.

Édouard entra en ce moment, et dit à Sa Révérence que les chevaux étaient prêts. Ses yeux rencontrèrent ceux de sa mère ; et, quoiqu'il se fût armé de résolution, il la sentit s'affaiblir à l'instant de lui faire ses adieux. Le sous-prieur vit son embarras et vint à son secours.

— Dame Glendinning, dit-il, j'ai oublié de vous prévenir que j'emmène Édouard au monastère, et qu'il ne faut pas que vous l'attendiez d'ici à quelques jours.

—Vous voudrez donc bien l'aider à retrouver son frère ? répondit-elle : que tous les saints vous en récompensent !

Le sous-prieur se mit alors en route avec Édouard, et fut bientôt rejoint par Christie, qui arriva avec ses compagnons d'un pas qui prouvait assez que son désir d'être protégé en route par des armes spirituelles était extrêmement sincère. Il avait cependant d'autres motifs pour vouloir accompagner le sous-prieur, car il devait lui communiquer un message de son maître, qui ne prétendait pas avoir livré gratis le prisonnier Warden. L'ayant donc prié de marcher avec lui quelques pas en avant d'Édouard, qu'ils laissèrent avec les soldats, il lui adressa la parole en ces termes, non sans montrer par quelques interruptions que sa confiance dans les armes spirituelles ne calmait pas tout-à-fait la crainte que lui inspiraient les êtres surnaturels dont il croyait la vallée peuplée.

— Mon maître s'imaginait vous rendre un service signalé en livrant entre vos mains ce vieux prédicateur hérétique ; mais, d'après le peu de précautions que vous avez prises pour le garder, il paraît que vous n'y attachez pas une grande importance ?

—Gardez-vous bien de le croire. La communauté attachera un grand prix à ce service, et en récompensera honorablement votre maître. Mais c'est mon ancien ami, et j'espère le faire sortir des sentiers de la perdition.

— Vous en ferez ce qu'il vous plaira, cela est fort égal à mon maître. Quant à moi, quand je vous ai vus vous serrer la main... Sainte Marie ! sire sous-prieur, ne voyez-vous rien là-bas ?

— Une branche de saule qui traverse le chemin.

— Je veux être pendu si je ne croyais voir en l'air un bras d'homme tenant un sabre. Mais, pour en revenir à mon maître, il n'a voulu, en homme prudent, s'attacher à aucun parti, avant de savoir précisément sur quel pied il y serait reçu. Les lords de la congrégation,

ceux que vous nommez hérétiques, lui ont fait des offres
très-séduisantes; et, pour être franc avec vous, je vous
dirai qu'il a été tenté un moment de les accepter, car il
savait que lord James allait s'avancer de ce côté à la
tête d'un corps nombreux de cavalerie; et lord James
comptait tellement sur lui, qu'il lui envoya ce Warden,
ou n'importe quel est son nom, en le recommandant à
sa protection comme à celle d'un ami dont il était sûr,
et il lui manda en même temps qu'il était déjà en
marche avec ses troupes.

— Que la sainte Vierge nous protège! s'écria le sous-
prieur.

— *Amen!* répondit Christie. Votre Révérence a donc
vu quelque chose?

— Non, dit le père Eustache, c'est ce que vous me
dites qui m'a arraché cette exclamation.

— Et ce n'est pas sans cause; car, si lord James vient
en ce pays, malheur aux domaines de Sainte-Marie!
Mais tranquillisez-vous, l'expédition est finie avant d'a-
voir été commencée. Le baron d'Avenel a reçu la nouvelle certaine que lord James a été obligé de marcher
vers l'ouest pour protéger lord Semple contre Cassilis
et les Kennedys. Par ma foi! il lui en coûtera cher, car
vous savez ce qu'on dit des Kennedys:

> Depuis Wigton jusqu'au pied de l'Ayr,
> Et sous les noirs rochers de Crie,
> Nul n'espère se maintenir
> S'il ne sert pas saint Kennedie.

— Alors, dit le sous-prieur, le changement sur-
venu dans la marche de lord James a été cause du

mauvais accueil qu'Henry Warden a reçu au château d'Avenel.

— Il est certain que dans le temps où nous vivons mon maître y aurait réfléchi à deux fois avant de maltraiter un homme recommandé par un chef aussi puissant que lord James ; mais, pour ne vous rien cacher, le vieux fou s'est mêlé de vouloir sermonner le baron relativement à son mariage par l'union des mains avec Catherine de Newport, ce qui les a mis en état de guerre ; de sorte que vous pouvez maintenant avoir à votre disposition mon maître et toutes les forces qu'il peut lever ; car il sait que lord James n'est pas homme à lui pardonner. Je vous en dis sur les affaires de mon maître peut-être plus qu'il ne le voudrait ; mais vous m'avez rendu service autrefois ; et qui sait si vous ne m'en rendrez pas encore ?

— Votre franchise ne restera sûrement pas sans récompense ; car, dans les circonstances malheureuses où nous nous trouvons, il est important pour nous de connaître les dispositions et les projets de ceux qui nous environnent. Mais que désire de nous votre maître pour nous accorder ses bons offices et devenir notre fidèle allié ? car je le crois du nombre de ces gens qui ne font rien pour rien.

— Je puis vous le dire bien aisément : lord James lui avait promis que, s'il voulait se déclarer pour lui, il aurait les terres de Cranberry Moor, qui font enclave dans celles de la seigneurie d'Avenel : il ne peut donc en attendre moins de vous.

— Mais le vieux Gilbert de Cranberry Moor, qu'en ferons-nous ? L'hérétique lord James peut prendre sur lui de disposer à son gré des biens et des terres de

Sainte-Marie, parce que, sans la protection de Dieu et des barons restés fidèles à leur foi, il peut nous en dépouiller de force; mais tant que ces domaines appartiendront à l'abbaye, nous ne pouvons en priver d'anciens et fidèles vassaux pour gratifier la cupidité de gens qui ne servent Dieu que par intérêt.

— C'est fort bien parlé, sire sous-prieur; mais faites attention que Gilbert ne peut disposer que de deux paysans mourant de faim, qui n'ont jamais manié une arme, et qu'il n'a dans son écurie qu'une vieille rosse qui n'est bonne qu'à traîner la charrue; que le baron d'Avenel, au contraire, entretient à son service cinquante Jacks bien montés, bien armés, bien équipés, comme ceux que vous voyez derrière nous, sans compter les vassaux qu'il peut mettre sur pied. Calculez bien tout cela, et vous verrez ce que vous devez faire.

— J'achèterais volontiers l'assistance de votre maître au prix qu'il y attache, puisque nous n'avons pas aujourd'hui de meilleurs moyens pour nous défendre contre les spoliations sacrilèges de l'hérésie; mais dépouiller un pauvre homme de son patrimoine.....

— Il serait fâcheux pour lui que mon maître vînt à savoir qu'il est un obstacle à ses désirs. Vous m'entendez, sire sous-prieur? Mais l'abbaye ne manque pas de domaines : ne peut-elle indemniser Gilbert en lui en accordant quelque autre?

— La chose n'est pas impossible; nous y réfléchirons. Mais alors nous compterons sur le secours du baron d'Avenel et de toutes les forces dont il peut disposer, contre tout ennemi qui pourrait menacer l'abbaye.

— Affaire conclue, chose certaine. On nous appelle maraudeurs, brigands; je ne sais point quels noms on ne nous donne pas; mais, quand nous embrassons un parti, nous y sommes fidèles jusqu'à la mort. Je voudrais que mon maître se fût déjà déclaré, car, quand il est dans l'incertitude sur ce qu'il doit faire pour ses intérêts, le château est une espèce d'enfer. Que la sainte Vierge me pardonne de prononcer ce nom! Mais, au surplus, nous voici dans la grande vallée de la Tweed, et, s'il m'arrive de jurer, il n'y a plus tant de risque.

— Il y a peu de mérite à vous en abstenir, si vous n'avez d'autres motifs que la crainte des esprits.

— Je ne suis point encore vassal de l'Église, répondit le chef des Jacks, tout-à-fait rassuré. On ne peut renoncer tout d'un coup à de vieilles habitudes. Si vous serrez la bride de trop près à un jeune cheval, il regimbera.

La nuit étant belle, ils passèrent la Tweed à gué, à l'endroit où le père sacristain avait autrefois rencontré l'esprit. Dès qu'ils arrivèrent à la porte du monastère, le frère portier s'écria : — Vous arrivez à propos, révérend père, le révérend abbé est impatient de vous voir.

— Qu'on ait soin de ces étrangers, dit le sousprieur : qu'on les conduise dans la salle destinée pour la réception des hôtes, et qu'on leur offre le meilleur vin de la cave : j'espère qu'ils n'oublieront pas la décence et la modestie qui conviennent dans une maison religieuse.

— Révérend père, s'écria le père sacristain accourant à la hâte, notre digne abbé vous demande sur-le-champ. Je ne l'ai jamais vu si inquiet, si découragé, depuis le jour de la bataille de Pinkie.

— J'y vais, mon frère, j'y vais, répondit le père Eustache. Je vous prie, mon frère, de faire conduire ce jeune homme, Édouard Glendinning, au maître des novices : Dieu a touché son cœur. Il se propose de renoncer aux vanités du monde, et de prendre le saint habit de notre ordre; et, si ses talens naturels sont secondés par la modestie et la docilité, il pourra en être un jour l'ornement.

— Vénérable sous-prieur, dit le vieux père Nicolas, qui arriva tout essoufflé, notre respectable abbé désire votre présence à l'instant même. Que notre sainte patronne veille sur nous ! Jamais je n'ai vu l'abbé de Sainte-Marie dans une telle consternation; et je me souviens pourtant du jour où l'on vint annoncer à l'abbé Ingelram la nouvelle de la perte de la bataille de Flodden-Field.

— J'y vais, mon père, j'y vais; et, après avoir répété ces mots si souvent, le sous-prieur se rendit enfin près de l'abbé.

CHAPITRE XXXIV.

———————

> » L'Église a ses canons et son artillerie;
> » Mais quel faible secours contre l'infanterie
> » Qui contre elle en ce jour ose lever le bras !
> » Fondez vos vases d'or, soudoyez des soldats,
> » Ouvrez-leur vos celliers, qu'ils y fassent bombance,
> » Leurs mains sauront alors prendre votre défense. »
>
> *Ancienne comédie.*

L'ABBÉ accueillit son conseiller avec un tremblement de plaisir et d'impatience qui prouvait l'agitation de son esprit et le besoin qu'il avait de ses avis. On ne voyait sur la table placée près de lui ni coupes ni flacons. Sa mitre, d'une forme antique, et enrichie de pierres précieuses, y était déposée à côté de son psautier; il tenait en main son chapelet, et sa crosse était appuyée contre le bras de son fauteuil.

Le sacristain et le père Nicolas avaient suivi le sous-prieur dans l'appartement de l'abbé, espérant sans doute apprendre quelque chose des affaires importantes qui semblaient troubler leur supérieur; ils ne furent pas trompés dans leur attente; car, après avoir annoncé le père Eustache, comme ils faisaient un mouvement pour se retirer, l'abbé leur fit signe de rester.

— Mes frères, leur dit-il, vous savez avec quel zèle nous avons administré la maison dont le soin a été confié à nos mains indignes. Je n'ai pas dissipé les revenus du couvent en vains plaisirs, tels que ceux de la chasse; je n'ai pas changé tous les jours mes aubes et mes ornemens pontificaux; je n'ai pas entretenu des troupes de bardes ou de bouffons fainéans, excepté aux fêtes de Noël et de Pâques, suivant l'ancien usage; je n'ai pas enrichi mes parens ou des femmes étrangères à la communauté.

— J'atteste, dit le vieux père Nicolas, que nous n'avons pas eu un tel abbé depuis le temps de l'abbé Ingelram, qui.....

A ce mot, qui était toujours le prélude d'une longue histoire, l'abbé se hâta de l'interrompre.

— Que Dieu ait pitié de son ame! dit-il; mais il ne s'agit pas de lui en ce moment: ce que je désire, mes frères, c'est de savoir si vous trouvez que j'aie fidèlement rempli les devoirs de ma place.

— Il n'y a jamais eu la moindre plainte, dit le sous-prieur.

Le père sacristain, plus prolixe, fit l'énumération de tous les services que l'abbé Boniface avait rendus à la maison: le réfectoire réparé, les celliers agrandis, la nourriture des frères plus soignée, les revenus du couvent augmentés.

— Vous pouviez ajouter encore, dit l'abbé, le grand mur que j'ai fait construire pour défendre le cloître contre le vent du nord-est, et le corps de bâtiment que j'ai fait disposer pour la réception des étrangers. Mais à quoi sert tout cela ? *Capta est civitas per voluntatem Dei*, comme nous le lisons dans l'histoire des Machabées. Et cependant il m'en a coûté bien des peines, bien des fatigues, bien des réflexions pour tous ces détails ; et j'ai veillé plus d'une heure pour m'en occuper, tandis que chacun de vous dormait paisiblement dans sa cellule.

— Pouvons-nous demander à Votre Révérence, dit le sous-prieur, quels sont les nouveaux soins qui vous agitent en ce moment ; car votre discours semble destiné à nous y préparer ?

— Et vraiment oui! répondit l'abbé : il ne s'agit en ce moment ni de réfectoire, ni de celliers, mais d'une bande d'Anglais commandés par sir John Foster, et partis d'Hexham pour marcher contre nous. Il n'est pas question de nous garantir du vent du nord-est, mais de nous défendre contre lord James Stuart, qui s'avance contre nous à la tête d'une armée d'hérétiques.

— Je croyais, dit le sous-prieur, que ce projet avait été dérangé par la querelle survenue entre les Kennedys et lord Semple.

— Ils se sont mis d'accord aux dépens de l'Église, suivant l'usage, répondit l'abbé ; ils se sont partagé les biens du prieuré du Corseregal ; et maintenant lord James, qu'on appelle aujourd'hui comte de Murray, a repris ses premiers projets ; il est allié avec eux : *Principes convenerunt in unum adversùs Dominum*. Lisez ces lettres.

En même temps il lui remit des lettres que lui avait envoyées par un exprès le primat d'Écosse, qui faisait les derniers efforts pour soutenir une hiérarchie près de s'écrouler. Le sous-prieur s'approcha de la lampe, et lut avec attention. Le sacristain et le père Nicolas semblaient aussi consternés que les poules d'une basse-cour au-dessus de laquelle plane un milan ; et l'abbé, accablé sous le poids de ses craintes, cherchait dans les traits du père Eustache quelque motif de consolation. Lorsque celui-ci eut achevé sa lecture, comme il gardait le silence, et qu'il paraissait enfoncé dans des réflexions profondes :—Eh bien ! lui dit l'abbé d'un air d'inquiétude, que faire ?

— Notre devoir, répondit le sous-prieur. Le reste est entre les mains de Dieu.

— Notre devoir ! notre devoir ! s'écria l'abbé d'un ton d'impatience : sans doute il faut faire notre devoir ; mais en quoi consiste-t-il, et à quoi nous servira tout ce que nous ferons ? Nos cloches, nos bréviaires et nos cierges chasseront-ils les hérétiques anglais ? Quel cas fera Murray de nos psaumes et de nos antiennes ? Puis-je combattre pour l'abbaye de Sainte-Marie, comme un Judas Machabée, contre ces nouveaux Nicanor ? Enverrai-je le sacristain pour me rapporter la tête de ce nouvel Holopherne ?

—Votre Révérence a raison, dit le sous-prieur ; nous ne pouvons combattre avec les armes temporelles ; ce serait violer les règles de notre ordre et les vœux que nous avons prononcés : mais nous pouvons mourir pour la religion, s'il le faut ; et comme la défense est de droit naturel, nous pouvons armer tous nos vassaux.

— Mais, au nom de la sainte Vierge ! me croyez-vous un Pierre l'Ermite, pour me mettre à la tête d'une armée ?

— Non, il faut leur donner quelque chef expérimenté, Julien Avenel, par exemple.

— Julien Avenel ! un bandit ! un débauché ! un fils de Bélial en un mot !

— Quel qu'il soit, il faut nous servir de ses talens ; et je sais déjà quel prix il met à ses services. Je vois que le prétexte des Anglais pour faire cette incursion est de s'emparer de sir Piercy Shafton, qu'ils ont appris s'être réfugié sur les domaines de Sainte-Marie.

— J'ai toujours prévu, s'écria l'abbé, que cette tête à l'évent, avec ses habits de soie et ses belles phrases, nous porterait malheur.

— Il faut pourtant nous assurer de son secours, si la chose est possible. Il peut intéresser en notre faveur le comte de Northumberland, dont il se prétend le parent et l'ami ; et celui-ci peut donner de l'occupation à Foster. Je vais charger le chef des Jacks de Julien de le chercher sans délai. Mais je compte avant tout sur l'esprit national, qui ne verra pas de bon œil des troupes anglaises entrer sur les frontières d'Écosse ; et en cette occasion bien des gens dont l'esprit a été perverti par les nouvelles doctrines ne laisseront pas de combattre pour nous. Les barons voisins rougiraient de laisser les vassaux de Sainte-Marie s'opposer seuls aux anciens ennemis du nom écossais.

— Il peut se faire que Foster attende Murray, dont la marche a été retardée par son expédition du côté de l'ouest.

— Je n'en crois rien, répondit le sous-prieur. Sir John Foster n'a en vue que le pillage. Il a soif de nos biens. S'il se joint à Murray, il faudra qu'il partage avec lui les dépouilles qu'il espère. S'il prévient son arrivée, il comptera en faire la récolte tout entière. Je sais que Julien Avenel a quelques motifs d'inimitié personnelle contre Foster; il ne l'en combattra que plus volontiers. Sacristain, envoyez chercher notre bailli, et qu'il apporte la liste de tous les vassaux qui nous doivent le service militaire. Il faut envoyer aussi chez le baron de Meigallot, qui peut lever soixante cavaliers au moins, et lui faire dire que s'il se montre notre ami en cette occasion, le monastère prendra avec lui tous les arrangemens qu'il pourra désirer pour le paiement du droit de passage sur son pont. Maintenant, que Votre Révérence calcule le nombre probable des forces de l'ennemi, et de celles que nous pouvons lui opposer, et nous verrons alors.....

—Ma tête ne peut suffire à tous ces calculs, dit le pauvre abbé. J'ai autant de courage personnel qu'un autre; mais quand vous me parlez de lever des soldats, de les faire marcher, autant vaudrait vous adresser à la plus jeune novice d'un couvent de religieuses. Au surplus, ma résolution est prise, ajouta-t-il en se levant avec un air de dignité qu'il savait prendre dans les occasions importantes; écoutez pour la dernière fois la voix de votre abbé Boniface: j'ai fait pour vous tout ce que j'ai pu; dans des temps plus tranquilles j'aurais peut-être fait mieux; car c'est pour vivre dans la paix que j'ai embrassé la vie du cloître, et j'y ai trouvé autant de fatigues et d'embarras que si j'avais été receveur des douanes, ou capitaine d'une compagnie de soldats. Les affaires vont de pis en pis; je deviens vieux; et je ne me sens plus capable de lutter contre les évé-

nemens. Il ne me convient pas de conserver une place
dont je ne puis plus remplir les devoirs; aussi ai-je résolu de résigner la mitre et la crosse. Ce sera donc
au père Eustache, à notre bien-aimé sous-prieur, à
donner tous les ordres que les circonstances exige-
ront; et je suis charmé aujourd'hui qu'il n'ait pas encore
obtenu l'avancement qu'il méritait, parce que j'espère bien que ce sera lui qu'on me donnera pour successeur.

— Au nom de Notre-Dame, s'écria le père Nicolas,
ne faites rien à la hâte! Je me souviens que le digne
abbé Ingelram, attaqué d'une maladie grave, et il était
alors dans sa quatre-vingt-dixième année, car il pouvait
se rappeler la déposition de Benoît XIII, quelques-uns
de nos frères lui firent entendre qu'il ferait bien de
donner sa démission. Mais que leur répondit-il? C'était
un homme facétieux. Il leur répondit que tant qu'il
pourrait plier son petit doigt, il s'en servirait pour retenir sa crosse.

Le père sacristain fit aussi à son supérieur des représentations sur une résolution qu'il attribua à un excès
de modestie. L'abbé l'écouta en silence; mais la voix de
la flatterie n'arriva qu'à son oreille et ne pénétra pas
plus avant.

Le père Eustache prit alors la parole: — Si j'ai gardé
le silence, dit-il, sur les talens dont Votre Révérence a
fait preuve dans l'administration de cette maison, ne
croyez pas que je les aie méconnus. Je sais que personne
n'a jamais apporté dans les hautes fonctions auxquelles
vous avez été appelé un désir plus sincère de faire le
bien. Si l'on n'y remarque pas ces grands traits qui ont
distingué quelques-uns de vos prédécesseurs, votre con-

duite a toujours été exempte des taches qu'on peut trouver dans la leur.

— Je croyais, dit l'abbé en le regardant d'un air de
surprise, que le père Eustache devait être le dernier des
hommes à me rendre cette justice.

— Je vous la rendrai plus complètement encore en
votre absence. Ne perdez donc pas la bonne opinion
qu'on a conçue de vous, en résignant votre place dans
l'instant où vos soins y sont le plus nécessaires.

— Mais, mon frère, ces soins seront confiés à des
mains plus capables que les miennes.....

— Ne parlez pas ainsi, révérend abbé. Il n'est pas nécessaire que vous résigniez pour que la communauté
profite du peu de talens et d'expérience que je puis pos-
séder. Les qualités dont chacun de nous peut être doué
ne lui appartiennent pas; elles sont la propriété de la
congrégation, et doivent être employées pour son avantage. Si vous désirez ne pas vous charger vous-même des
détails de cette affaire inquiétante, partez pour Édimbourg, allez solliciter nos amis en notre faveur, et laissez-moi le soin de défendre comme sous-prieur les domaines de Sainte-Marie. Si je réussis, je consens que
vous en recueilliez tout l'honneur et toute la gloire; et
si je succombe, puisse la honte et l'humiliation en re-
tomber sur moi!

— Non, père Eustache, répondit l'abbé après un
moment de réflexion, votre générosité ne changera pas
ma résolution. Dans des temps comme celui-ci il faut au
gouvernail de cette maison une main plus ferme que la
mienne, et je rougirais de recueillir la gloire due aux
travaux d'un autre. Commencez dès ce soir à exercer
votre autorité. Que l'on convoque le chapitre pour de-

main après la messe, j'y ferai ce que j'ai résolu. Recevez
ma bénédiction, mes frères; que la paix soit avec vous,
et puisse l'abbé expectant dormir aussi paisiblement
que l'abbé qui va résigner!

Ils se retirèrent émus jusqu'aux larmes. Le bon abbé
venait de se montrer tout autre qu'on l'avait vu jusque-
là. Le père Eustache lui-même avait cru son supérieur un
homme facile, indulgent, aimant ses aises, et dont le
principal mérite était de ne pas avoir de grands défauts.
Mais le sacrifice qu'il faisait de son autorité au sentiment de son devoir, même en supposant que la crainte
des événemens qui pouvaient arriver y entrât pour quelque chose, l'éleva considérablement dans l'estime du
sous-prieur, qui sentit même de la répugnance à profiter de la résignation de l'abbé Boniface, et à s'élever
en quelque sorte sur ses ruines. Mais ce sentiment ne
combattit pas long-temps ce qu'il devait au bien de
l'Église. Il ne pouvait se dissimuler que l'abbé Boniface,
dans la crise actuelle, ne convenait nullement au poste
qu'il occupait, et que lui-même n'agissant qu'en qualité
de sous-prieur, ne pourrait guère prendre les mesures
vigoureuses et décisives que les circonstances exigeaient.
L'intérêt de la communauté lui faisait donc une loi d'accepter la place d'abbé s'il était appelé à la remplir. S'il
s'y mêla en outre ce secret triomphe qu'éprouve une
ame forte quand elle doit lutter contre les difficultés et
les dangers des fonctions qu'elle va remplir, ce sentiment se confondait avec d'autres d'une nature si désin-
téressée, que lui-même ne l'apercevait pas; et nous, qui
avons conçu de l'estime pour lui, nous ne chercherons
pas à le découvrir.

L'abbé expectant prit cependant un port plus imposant que de coutume en donnant, dès le soir même, les ordres que les circonstances rendaient nécessaires; et ceux qui approchèrent de lui virent un feu plus qu'ordinaire briller dans son œil d'aigle, et un coloris plus vif animer ses joues naturellement pâles. Il écrivit ou dicta avec précision et clarté des lettres à tous les barons des environs pour les informer de l'invasion méditée par les Anglais, et pour les conjurer de faire cause commune avec l'abbaye de Sainte-Marie. Il fit des promesses avantageuses à ceux qu'il crut moins sensibles à des motifs d'honneur, et ne manqua pas de chercher à réveiller dans tous l'esprit national, et le danger de souffrir que les Anglais missent le pied en Écosse. Il avait existé un temps où de pareilles exhortations auraient été inutiles, où la population entière se serait levée en masse au seul bruit d'une invasion des Anglais; mais l'appui d'Élisabeth était si essentiel aux réformés en Écosse, et ce parti y devenait si nombreux, qu'il était à craindre qu'un grand nombre de barons ne restassent neutres, si même ils n'allaient jusqu'à se joindre aux Anglais contre les catholiques.

Lorsque le père Eustache eut sous les yeux la liste des vassaux de l'Église sur le secours desquels il pouvait légalement compter, et qu'il vit que leur nombre était considérable, il regretta vivement d'être obligé de les ranger sous la bannière d'un homme tel que Julien Avenel.

— Si je savais où trouver ce jeune enthousiaste, Halbert Glendinning, pensa-t-il, je le donnerais plus volontiers pour chef à nos troupes, malgré son âge et son peu d'expérience, et je compterais davantage sur le secours de Dieu. Le bailli est vieux et infirme, et je ne vois aucun chef aussi capable que cet Avenel de remplir cette place. Il frappa d'un marteau qui était sur sa table, et ordonna qu'on fît venir devant lui Christie de Clinthill.

— Tu me dois déjà la vie, lui dit-il quand il entra, et tu m'auras encore d'autres obligations si tu veux être sincère avec moi.

Christie avait déjà vidé un flacon de vin qui, en toute autre occasion, aurait ajouté à sa familiarité insolente; mais il remarqua dans le maintien du père Eustache un nouvel air de dignité qui lui en imposa. Cependant ses réponses ne s'en ressentirent pas moins de cette audace imperturbable qui le caractérisait. Il commença par l'assurer qu'il répondrait avec vérité à toutes ses questions.

— Existe-t-il quelque liaison d'amitié entre le baron d'Avenel et sir John Foster? demanda le sous-prieur.

— Comme entre le chat sauvage et le chien courant, répondit le maraudeur.

— Ton maître voudra-t-il se charger de le combattre?

— Aussi volontiers que coq bien dressé s'est jamais battu.

— Même pour la cause de l'Église?

— Pour quelque cause que ce soit, et même sans aucune cause.

— Je vais donc lui écrire pour lui apprendre que, s'il veut joindre ses forces aux nôtres pour repousser l'invasion méditée par Foster, il aura le commandement de nos troupes, et obtiendra de l'abbaye ce que tu m'as dit qu'il désire. Encore un mot : tu m'as dit que tu te chargerais de trouver sir Piercy Shafton.

— Bien certainement; et de l'amener à Votre Révérence de gré ou de force, comme cela vous.conviendra.

— Il ne s'agit pas d'employer la force contre lui. Mais quel temps te faut-il pour le découvrir?

— Trente heures, s'il n'est pas au-delà du Lothian. Si cela vous convient, je partirai sur-le-champ, et je le dépisterai aussi sûrement qu'un bon chien trouve les traces d'un daim.

— Amène-le donc ici, et tu nous rendras un service que nous saurons récompenser.

— Je remercie Votre Révérence; je me confie entre ses mains. Nous autres qui ne connaissons que la lance et l'épée, nous menons une vie qui n'est pas toujours ce qu'on pourrait appeler régulière; mais Votre Révérence sait qu'il faut vivre, et on ne peut vivre sans un peu..... un peu de maraude.

— Paix! occupe-toi de ton message. Je te donnerai une lettre pour sir Piercy.

Christie fit deux pas vers la porte. Se tournant alors de l'air d'un homme qui ferait volontiers une plaisanterie impertinente s'il l'osait:

— Votre Révérence, dit-il, ne me dit pas ce que je dois faire de Mysie Happer, qui est partie avec le chevalier anglais; faut-il que je l'amène ici?

— Ici, insolent! dit le sous-prieur, oublies-tu à qui tu parles?

— Je n'ai pas le dessein d'offenser Votre Révérence. Si vous ne voulez pas que je l'amène ici, je la conduirai au château d'Avenel; une jolie fille y est toujours bien reçue.

— Reconduis la malheureuse fille chez son père, et ne te permets pas de plaisanteries déplacées; aie soin de l'y faire rentrer en toute sûreté, en tout honneur.

— Pour sa sûreté, je vous en réponds : quant à l'honneur, après son excursion, je ne puis garantir que ce qui lui en reste. Pour moi, j'ai celui de saluer Votre Révérence ; préparez promptement vos lettres, je vais monter à cheval.

— Quoi ! à onze heures du soir ! Comment peux-tu savoir de quel côté tu dois chercher sir Piercy ?

— J'ai reconnu les traces de son cheval jusqu'au gué où nous avons passé ce soir, et j'ai vu ensuite qu'elles se dirigeaient vers le nord : je garantis qu'il est sur la route d'Édimbourg. Il faut que je regagne du terrain sur lui, et je retrouverai ces traces. Je ne puis m'y tromper : c'est un fer d'une nature particulière ; l'animal a été sûrement ferré par le vieux Ecky de Canobie. A ces mots il se retira.

— Pénible nécessité, pensa le père Eustache, que celle qui nous oblige à employer de tels auxiliaires ! Mais, assaillis de tous côtés comme nous le sommes, quelle autre alternative avons-nous ?

Il se mit alors à écrire ses deux lettres, qu'il envoya à Christie, et passa une partie de la nuit à réfléchir sur les moyens de soutenir le saint édifice qui menaçait de s'écrouler, comme le commandant d'une forteresse assiégée calcule les moyens qui lui restent pour résister à l'assaut qui se prépare.

Pendant ce temps l'abbé Boniface, après avoir assez naturellement donné quelques soupirs aux grandeurs qu'il allait abdiquer, s'endormit paisiblement, laissant les soins et les inquiétudes à celui qu'il regardait comme son successeur.

———

CHAPITRE XXXV.

―――――――

» Passer la rivière à la nage
» Ne fut rien pour ce jeune fou,
» Et dès qu'il fut sur le rivage,
» Il prit ses jambes à son cou. »

Giles Morrice.

Il est temps que nous retournions près d'Halbert Glendinning, qui, comme nos lecteurs s'en souviennent sans doute, avait pris la route d'Édimbourg. Sa conversation avec Henry Warden par le soupirail de son cachot avait été si courte, qu'il ne se rappelait même pas le nom du seigneur à qui il devait remettre la lettre dont il était porteur. Ce nom avait pourtant été prononcé, à ce qu'il croyait; mais il l'avait oublié : il savait seulement qu'il devait le rencontrer s'avançant vers le sud à la tête d'un corps de cavalerie. Lorsque le jour parut il n'en fut pas plus avancé, car il n'avait pas assez

profité des leçons du père Eustache pour être en état
de lire l'adresse de la lettre qui lui avait été confiée.
Son bon sens naturel lui dit qu'il ne devait pas, dans
ces temps dangereux, demander des informations au
premier venu ; et quand la nuit le surprit près d'un
petit village, il commença à éprouver quelques inquiétudes sur le résultat de son voyage.

Dans un pays pauvre, l'hospitalité est la première
vertu. Halbert ne fit donc rien qui pût le dégrader, ni
qui fût extraordinaire, en demandant dans ce village le
couvert pour une nuit. La vieille femme à qui il fit
cette demande la lui accorda d'autant plus volontiers,
qu'elle prétendit trouver quelque ressemblance entre
lui et son fils Saunders, qui avait été tué dans une de
ces escarmouches si fréquentes alors. Il est vrai que son
fils Saunders était petit, avait les cheveux roux, la face
bourgeonnée et les jambes un peu de travers ; tandis
qu'Halbert était grand, brun et parfaitement bien fait :
mais n'importe, elle trouvait que l'ensemble des traits
était le même ; et en faveur de cette ressemblance ima-
ginaire elle l'invita à partager son souper. Un marchand colporteur, homme d'environ quarante ans, avait
aussi établi ses quartiers chez elle, et il se plaignait
beaucoup des dangers de sa profession dans un temps
de guerre et de troubles.

— On parle beaucoup des soldats et des chevaliers,
disait-il ; mais le colporteur, qui voyage avec toute sa
fortune, a besoin de plus de courage qu'eux ; il court
certainement plus de risques, Dieu le protège ! Moi qui
vous parle, je me suis hasardé à venir ici, comptant
que le brave comte de Murray serait en marche pour
les frontières ; car il devait aller voir en passant le baron

d'Avenel : et voilà que j'apprends qu'il a tourné du côté
de l'ouest, et à cause d'une querelle survenue entre des
barons du comté d'Ayr. Que faire à présent? Si je m'a-
vance du côté du sud sans sauvegarde, le premier maraudeur que je rencontrerai s'emparera de mon bagage,
et ne me laissera peut-être pas même la vie ; et si j'essaie
de passer les marais, il peut de même m'arriver malheur avant que je sois parvenu à joindre le corps du
comte de Murray.

Halbert se souvint alors que c'était à ce seigneur qu'il
devait remettre la lettre de Warden, et dit que lui-
même se rendait vers l'ouest. Le colporteur le regarda
d'un air de méfiance ; mais la vieille dame, qui croyait
sans doute que son jeune hôte ressemblait en tous points
à son cher Saunders, qui avait un goût décidé pour la
maraude, cligna l'œil en le regardant, et dit au marchand qu'il ne devait pas se méfier de son jeune cousin,
qui était un homme sûr.

— Cousin ! dit le colporteur ; je croyais vous avoir
entendu dire qu'il vous était étranger.

— Quand on n'entend pas bien, on se souvient mal,
répondit la vieille. Sans doute il est étranger pour mes
yeux, puisque je ne l'avais jamais vu ; mais il n'en résulte
pas qu'il me soit étranger par le sang. D'ailleurs il n'y
a qu'à voir comme il ressemble à mon pauvre Saunders.

Cette explication ayant calmé les craintes et les inquiétudes du marchand, les deux voyageurs convinrent
qu'ils partiraient ensemble le lendemain à la pointe du
jour, le colporteur servant de guide à Glendinning, et
celui-ci servant de garde à son compagnon, jusqu'à ce
qu'ils rencontrassent le corps de cavalerie de Murray.

Il paraît que leur vieille hôtesse n'eut aucun doute sur le résultat de leur association ; car, prenant Halbert à part en lui faisant ses adieux, elle lui recommanda de ne pas être trop dur à l'égard du pauvre marchand ; mais dans tous les cas de ne pas manquer de lui prendre une pièce de soie noire pour faire une robe neuve à la vieille femme. Halbert se mit à rire, et prit congé d'elle.

Le colporteur ne put s'empêcher de pâlir quand, au milieu d'une plaine aride et déserte, son jeune compagnon lui expliqua la nature de la commission que lui avait donnée leur hôtesse ; mais il reprit courage en voyant l'air franc, ouvert et amical de Glendinning, et se soulagea par quelques exclamations contre la vieille sorcière. — Pas plus tard qu'hier soir, dit-il, je lui ai donné une aune de cette même soie noire pour se faire un couvre-chef ; mais je vois qu'il ne faut pas montrer au chat le chemin du garde-manger.

Rassuré sur les intentions de son compagnon, le marchand remplit gaiement ses fonctions de guide, et conduisit Halbert à travers marais et taillis, vallées et montagnes, dans la direction qui menait à la route que devait suivre le comte de Murray. Ils arrivèrent enfin sur une éminence d'où l'on n'apercevait, aussi loin que la vue pouvait s'étendre, qu'un pays sauvage couvert de bruyères et de marécages, de petites montagnes, d'eaux stagnantes, et où serpentait un chemin à peine tracé.

— C'est la route d'Édimbourg à Glascow, dit le colporteur à Halbert. Nous pouvons attendre ici, et si Murray n'est pas déjà passé, nous ne tarderons pas à voir sa cavalerie, à moins que sa marche ne soit encore changée; car, dans ce temps bienheureux, l'homme qui pose le soir sa tête sur son oreiller, fût-il aussi près du trône que le comte de Murray, ne peut dire où il la posera le lendemain.

Ils s'arrêtèrent donc, et s'assirent. Le marchand eut la précaution de faire son siège de la boîte qui contenait son trésor, et le soin de laisser voir à son compagnon qu'il portait à sa ceinture un pistolet en cas de besoin. Il fut cependant très-poli, et offrit à Halbert de partager avec lui ses provisions. Elles étaient on ne peut pas plus simples : elles consistaient en un pain de farine d'avoine, une couple d'ognons et un morceau de lard enfumé. Et pourtant aucun Écossais à cette époque, eût-il été d'un rang plus élevé que Glendinning, n'eût refusé de les partager, surtout lorsque le colporteur, d'un air mystérieux, prit une corne de bélier suspendue à son épaule, et qui fournit à chacun d'eux un coup d'excellent usquebaugh, boisson inconnue à Halbert; car les liqueurs fortes qu'on buvait dans le sud de l'Écosse venaient de France, et n'étaient pas d'un usage général. Le marchand en fit un grand éloge, et dit qu'il se l'était procuré dans sa dernière visite dans les montagnes de Doune, où il avait trafiqué sous la protection du laird de Buchanan. Il voulut aussi proposer une santé à Halbert, et vida dévotement sa coupe à la *chute de l'antechrist.*

A peine avaient-ils fini ce repas frugal, qu'ils virent de loin un nuage de poussière s'élever sur la route, et bientôt ils distinguèrent douze cavaliers qui s'avançaient grand train, et dont les casques et les lances réfléchissaient les rayons du soleil.

— Il faut que ce soient les éclaireurs du corps de

Murray, dit le colporteur; enfonçons-nous davantage dans ce taillis, et tenons-nous hors de vue.

— Pourquoi cela? lui demanda Halbert. Que n'allons-nous plutôt les joindre?

— A Dieu ne plaise, répondit le marchand. Connaissez-vous si peu les coutumes de notre nation? Ce peloton de lances qui marche en avant sera commandé par quelque officier subalterne qui ne craint ni Dieu ni les hommes. Ils sont chargés d'attaquer les partis ennemis qu'ils peuvent rencontrer; mais, dans le fait, ils ne valent pas mieux que des voleurs de grand chemin. Votre lettre ne vous servirait guère auprès d'eux, et ma balle me nuirait beaucoup. Ils nous prendraient jusqu'à nos vêtemens, et nous jetteraient avec une pierre au cou dans quelqu'un de ces étangs, nus comme à notre arrivée dans ce monde. Jamais Murray n'en entendrait parler; et, quand il le saurait, qu'y pourrait-il faire? Croyez-moi, quand les hommes lèvent le fer l'un contre l'autre dans leur propre pays, ils ferment les yeux sur la conduite de ceux dont la lance leur est utile.

Ils laissèrent donc passer l'avant-garde du comte de Murray; et bientôt un nuage de poussière plus épais que le premier annonça l'arrivée du corps principal.

— Maintenant, dit le colporteur, gagnons le grand chemin; car la marche d'une armée ressemble à un serpent: la tête est armée de dents, la queue a un dard; il n'y a que le corps qu'on puisse toucher sans danger. Et, tout en parlant ainsi, il tirait Halbert par le bras.

— J'irai aussi vite que vous le voudrez. Mais dites-moi pourquoi l'arrière-garde d'une armée est aussi à craindre que le corps qui marche en avant?

— Parce que, de même que l'avant-garde se compose d'hommes déterminés, sans merci, et qui, comme je vous le disais, ne craignent ni Dieu ni les hommes, de même on trouve à l'arrière-garde toute l'écume de l'armée, des valets, des paysans chargés du transport des bagages, qui volent et pillent avec d'autant plus de hardiesse, que personne ne les suit pour le savoir. Les premiers, *enfans perdus*, comme les appellent les Français, sont vraiment des enfans de perdition, et vous n'entendrez sortir de leur bouche que des chansons impies et profanes ; vient ensuite le corps d'armée, où les nobles réformés chantent des cantiques et des psaumes avec les prédicateurs de la parole de Dieu qui les accompagnent ; enfin à l'arrière-garde vous ne trouverez que laquais, palefreniers, charretiers, ne parlant d'autre chose que de piller et de boire.

En s'entretenant ainsi ils arrivèrent sur la route, et virent le corps de Murray à peu de distance. Il se composait d'environ trois cents cavaliers marchant en corps serré et en bon ordre. Les soldats n'étaient pas vêtus uniformément ; mais le plus grand nombre portant un habit bleu, et tous étant armés de cuirasses, la différence qui régnait dans leur costume n'offrait à l'œil rien de désagréable. La plupart des chefs avaient une armure complète, et les autres ce costume à demi militaire qu'un homme de qualité, dans ces temps de troubles, ne croyait jamais pouvoir quitter prudemment.

Ceux qui étaient au premier rang s'avancèrent vers eux, et leur demandèrent qui ils étaient. Le colporteur conta son histoire, et Glendinning montra sa lettre, qu'on porta sur-le-champ à Murray. Un instant après on entendit le mot halte ! et l'on annonça que la troupe s'arrêterait une heure en ce lieu pour se rafraîchir et laisser reposer les chevaux. On donna au colporteur toute assurance de protection ; mais en même temps il reçut ordre de se retirer à l'arrière-garde. Il fallut obéir ; mais ce ne fut pas sans avoir serré la main d'Halbert, en lui faisant ses adieux, de manière à lui faire sentir ses craintes et son inquiétude.

On conduisit alors Glendinning vers une petite éminence. On avait étendu un tapis par terre ; et les chefs, assis autour, faisaient un repas aussi simple, eu égard à leur rang, que celui qu'Halbert venait de faire lui-même. Murray se leva pour le recevoir, et fit quelques pas pour le joindre. Cet homme célèbre réunissait en lui, tant au physique qu'au moral, un grand nombre des qualités admirables de Jacques V son père. Sans l'illégitimité de sa naissance, il aurait occupé le trône d'Écosse avec autant de gloire qu'aucun des princes de la maison de Stuart. Mais l'histoire, en rendant justice à ses talens et aux traits de son caractère, qui étaient dignes d'un prince et d'un roi, ne peut oublier que l'ambition l'entraîna plus loin que ne le permettaient l'honneur et la loyauté. Brave parmi les plus braves, habile à traiter les affaires les plus compliquées, sachant s'attacher les esprits irrésolus, et terrasser par la hardiesse et la promptitude de ses entreprises ceux qui osaient lui résister, il parvint par son mérite à la première place dans le royaume. Mais il céda à la tentation d'abuser des occasions que lui fournirent les infortunes et les imprudences de sa sœur Marie : il usurpa l'autorité de sa souveraine et de sa bienfaitrice ; et son histoire offre un de ces caractères mixtes qui ont si souvent sacrifié les principes à la politique, et qui nous forcent à condamner l'homme d'état, en accordant à l'individu notre compassion et nos regrets. Bien des traits de sa vie viennent à l'appui de l'accusation portée contre lui, d'avoir eu pour but de s'élever au trône ; et il est trop vrai qu'il contribua à établir dans les conseils d'Écosse une influence étrangère et hostile, celle de l'Angleterre. Mais on peut regarder sa mort comme une expiation de ses fautes, et elle prouve que le rôle d'un vrai patriote est moins dangereux que celui d'un chef de faction, toujours responsable des violences exercées par le dernier de ses partisans.

Lorsque Murray s'approcha de Glendinning, ce jeune campagnard fut naturellement intimidé par son air de dignité. Sa taille imposante, et ses traits, qui rappelaient ceux d'une longue ligne de rois d'Écosse, inspiraient nécessairement le respect à tous ceux qui le voyaient. Son costume était à peu près le même que celui des barons et des nobles : une jaquette de buffle, galonnée en argent, lui tenait lieu d'armure ; et une chaîne d'or massif, garnie d'un médaillon, était suspendue à son cou ; sa toque de velours noir était ornée d'un rang de grosses perles de la plus belle eau, et surmontée d'un panache ; une grande épée était suspendue à sa ceinture, et des éperons dorés attachés à ses bottes.

— Cette lettre, lui dit le comte, m'est adressée par le digne prédicateur de l'Évangile Henry Warden. Il paraît être en danger, et il me dit que vous me rendrez un compte plus détaillé de sa situation. Où est-il à présent, et que peut-il avoir à craindre ?

Halbert un peu troublé lui raconta les circonstances qui avaient amené l'emprisonnement de Warden. Mais, quand il en vint à parler de la morale qu'il avait adres-

sée à Julien Avenel relativement à sa liaison avec Catherine de Newport, il fut frappé de voir s'élever sur le
front du comte un nuage de mécontentement. Il sentit
qu'il y avait, dans ce qu'il racontait, quelque chose qui
lui déplaisait ; et, contre toutes les règles de la prudence et de la politique, il se tut tout à coup au milieu
de son récit.

— Ce jeune homme est-il fou? dit le comte en fron-
çant les sourcils, tandis que le sang lui montait au visage. N'as-tu pas encore appris à dire la vérité sans bal-
butier ?

— C'est que jamais je ne me suis vu en présence d'un
homme de votre rang, répondit Halbert avec adresse.

— Ce jeune homme paraît modeste, dit le comte à
lord Douglas, comte de Morton, qui se trouvait près
de lui ; et je gage, que dans une bonne cause, il ne
craindrait ni ami ni ennemi. Continue, mon ami, et
parle librement.

Halbert lui fit alors le détail de la querelle du prédicateur avec Julien ; et Murray, tout en se mordant
les lèvres, parut l'écouter avec indifférence. Il commença même d'abord par prendre le parti du baron.

— Le zèle de Henry Warden est trop ardent, dit-il :
ni la loi de Dieu ni celle des hommes ne réprouvent
positivement certaines unions qui ne sont pas stricte-
ment légitimes dans leur forme ; et les enfans qui en
proviennent sont habiles à succéder.

— C'est ce que personne ne peut nier, s'écrièrent les
barons qui l'entouraient, à l'exception de deux ou trois
qui gardèrent le silence en baissant les yeux.

— Continuez, dit Murray à Glendinning, et n'oubliez aucune particularité.

Lorsque Halbert raconta la manière brusque et dure dont Avenel avait traité la malheureuse Catherine, le comte respirait à peine ; il grinça les dents, et sa main, par un mouvement involontaire, se porta sur la poignée de son épée. Il dévora pourtant sa rage en silence ; mais quand Glendinning parla de la manière dont il avait fait jeter Warden dans un cachot, Murray y trouva un prétexte pour lâcher la bride à sa colère. — Nobles Écossais, dit-il à ses barons, soyez juges entre Julien Avenel et moi. Il a manqué à sa parole, il a violé mon sauf-conduit. Et vous, ministres de l'Évangile, que direz-vous d'un homme qui a porté la main sur un prédicateur de la parole ?

— Qu'il meure de la mort des traîtres, dirent les barons, et que sa langue soit percée d'un fer rouge pour punir son parjure !

— Qu'il soit traité comme les prêtres de Baal, s'écrièrent les prédicateurs, et que ses cendres soient jetées au vent.

Murray les écouta avec un sourire qui semblait annoncer qu'il goûtait d'avance le plaisir de la vengeance. Mais il est probable que son courroux avait principalement pour cause la manière brutale dont avait été traitée une femme à peu près dans la même situation que sa propre mère. Il parla avec bonté à Halbert quand il eut fini son récit.

— Ce jeune homme, dit-il à Morton, paraît fier et hardi. Il est formé de l'étoffe qui convient à ces temps orageux. Je veux le connaître davantage.

Il lui fit différentes questions sur la force du château d'Avenel, sur le nombre d'hommes que Julien pouvait mettre sur pied, et lui demanda quel était son héritier

présomptif : ce qui obligea Glendinning à lui parler de
Marie Avenel, ce qu'il ne put faire sans un certain embarras qui n'échappa point à la pénétration du comte.

— Ah! Julien Avenel, s'écria-t-il, vous provoquez
mon ressentiment quand vous devriez craindre ma justice! J'ai connu Walter Avenel; c'était un brave guerrier, un véritable Écossais. Ma sœur, la reine, doit
rendre justice à sa fille; et, lorsque celle-ci sera rétablie
dans ses biens, sa main sera un présent agréable pour
quelque homme qui méritera mieux mes bonnes graces
que le traître Julien. Fixant alors les yeux sur Glendinning : — Jeune homme, lui dit-il, es-tu issu de sang
noble?

Halbert, d'une voix mal assurée, commençait à parler
des prétentions qu'avait son père de descendre de la
noble et ancienne famille des Glendonwynes de Gal-
loway, quand Murray l'interrompant en souriant :
— N'importe, n'importe, dit-il c'est aux bardes et
aux hérauts d'armes à tracer les généalogies. La lumière glorieuse de la réformation a brillé sur le paysan
comme sur le prince, et l'un et l'autre peuvent s'illus-
trer en combattant pour elle. Nous sommes dans un
moment de crise où quiconque a du courage dans le
cœur et de la vigueur dans le bras peut prétendre à
tout. Mais dis-moi franchement pourquoi tu as quitté la
maison de ton père?

Halbert lui fit l'aveu de son duel avec sir Piercy Shafton, et lui conta la manière dont il s'était terminé.

—Sur mon ame, dit-il, tu es un milan bien hardi,
pour avoir osé à ton âge te mesurer avec un faucon tel
que Piercy Shafton! La reine Élisabeth donnerait son
gant rempli de couronnes d'or pour être sûre que ce

13.

fat intrigant est à trois pieds sous terre. N'est-il pas vrai, Douglas?

— Oui, sur mon honneur, répondit Morton, et elle regarderait le don de son gant comme plus précieux que celui des couronnes d'or.

— Mais que ferons-nous de ce jeune homicide? Que diront nos prédicateurs?

— Vous leur parlerez de Moïse et de Gédéon; il ne s'agit que du meurtre d'un Égyptien, d'un Philistin.

— Oui, oui, dit Murray: je prends ce jeune homme sous ma protection. Approche-toi, Glendinning, puisque tel est ton nom. Je te fais un de mes écuyers. Le maître de ma cavalerie sera chargé de t'armer et de t'équiper.

Pendant son expédition Murray trouva plusieurs occasions de mettre à l'épreuve le courage et la présence d'esprit de Glendinning; et celui-ci fit un chemin si rapide dans son estime, que ceux qui connaissaient le comte regardèrent la fortune du jeune homme comme certaine. Il ne lui restait qu'un pas à faire pour s'élever au plus haut degré dans sa confiance et dans ses bonnes graces: c'était d'embrasser la religion réformée. Les prédicateurs qui suivaient Murray, et qui étaient son appui parmi le peuple, entreprirent la conversion d'Halbert, et n'eurent pas beaucoup de peine à y réussir, car il n'avait jamais eu beaucoup d'attachement pour les dogmes de l'Église catholique, qu'il connaissait à peine. Dès qu'il eut adopté la foi de son maître, il devint véritablement le favori du comte, qui l'eut toujours près de lui pendant son expédition dans l'ouest, que l'opiniâtreté de ceux à qui il avait affaire prolongeait de jour en jour et de semaine en semaine.

CHAPITRE XXXVI.

———

« Quand le terrible cri de guerre
» Est au loin porté par le vent ;
» L'épouvante marche en avant,
» Et la mort la suit par-derrière. »

PENROSE.

L'AUTOMNE était déjà avancé, quand le comte de Morton entra un matin, sans être attendu, dans l'antichambre de Murray, où se trouvait Glendinning.

— Avertissez votre maître que je désire le voir, dit Morton : j'ai des nouvelles à lui apprendre, et à vous aussi Halbert.

— Entrez, entrez sur-le-champ, s'écria Murray qui l'avait entendu ; et, ouvrant lui-même la porte de son cabinet, il l'y fit entrer avec Glendinning. Quelles sont vos nouvelles ? lui demanda-t-il ensuite.

— Je les tiens d'un ami sûr qui arrive des frontières, et qui a été au monastère de Sainte-Marie de Kenna-quhair.

— Et quelle est leur nature? Sans doute on peut avoir confiance en celui qui vous les a apprises?

— Pleine confiance, sur mon honneur! Je voudrais pouvoir en dire autant de tous ceux qui entourent Votre Seigneurie.

— Que voulez-vous dire, comte?

— Que l'Égyptien, le Philistin de notre Moïse, de notre Gédéon, est en ce moment au monastère de Sainte-Marie, aussi gai, aussi brillant que jamais.

— Expliquez-vous plus clairement, je vous prie.

— Sachez donc que votre nouvel écuyer vous a débité un conte fait à plaisir. Piercy Shafton est en parfaite santé à l'abbaye de Sainte-Marie, où l'on croit qu'il reste parce qu'il s'est amouraché de la fille d'un meunier qui a couru le pays avec lui déguisée en page.

— Glendinning, dit le comte de Murray d'un ton sévère, serait-il possible que vous m'eussiez fait un mensonge pour gagner ma confiance!

— Je suis incapable d'une telle bassesse, répondit Glendinning avec fierté. Il s'agirait de ma vie que je ne voudrais pas la sauver aux dépens de la vérité. Je répète que je lui ai passé au travers du corps cette épée, l'épée de mon père: la pointe est sortie par le dos, la poignée a frappé sa poitrine; et elle sera encore teinte du sang de quiconque osera m'accuser de mensonge.

— Comment! dit Morton, oserais-tu me défier?

— Silence, Halbert, dit Murray; et, vous, Morton, excusez-le. Je vois la vérité peinte sur son front.

— Je souhaite qu'elle soit aussi dans son cœur. Prenez-y garde, comte, vous perdrez un jour la vie par trop de confiance.

— Et vous perdrez vos amis, Douglas, pour vous livrer trop aisément aux soupçons. Parlons d'autre chose. Sont-ce là toutes vos nouvelles ?

— Non vraiment. Sir John Foster est sur le point d'entrer en Écosse pour ravager les domaines de l'abbaye de Sainte-Marie.

— Quoi ! s'écria Murray, sans m'attendre, sans ma permission ! Ose-t-il venir comme ennemi de la reine ?

— Il agit d'après les ordres exprès d'Élisabeth ; et vous savez qu'elle ne plaisante pas sur leur exécution. Diverses circonstances ont retardé cette expédition jusqu'à présent ; mais le bruit qui s'en est répandu a jeté l'alarme à Kennaquhair : Boniface, le vieil abbé, a donné sa résignation ; et qui croyez-vous qu'on ait nommé en sa place ?

— Personne, j'espère, avant d'avoir connu le bon plaisir de la reine et le mien.

Morton leva les épaules. — On a choisi l'élève du vieux cardinal Beatoun, l'ami de cœur de notre primat de Saint-André, ce champion déterminé de l'Église romaine ; Eustache, sous-prieur de Sainte-Marie, en est maintenant abbé ; et, comme un second pape Jules, il lève des troupes, passe des revues, et se prépare à combattre Foster dès qu'il arrivera.

— Il faut empêcher cette rencontre, s'écria vivement Murray : quelque parti qui pût être victorieux, les suites nous en seraient fatales. Qui commande les troupes de l'abbaye ?

— Notre ancien et fidèle allié, Julien Avenel ; rien de moins.

— Glendinning, s'écria Murray, faites sonner le boute-selle sur-le-champ, et qu'on soit prêt à partir dans une demi-heure. Le cas est embarrassant, comte. Si nous prenons parti pour nos amis d'Angleterre, un cri général s'élèvera dans tout le pays contre nous; les vieilles femmes nous attaqueront avec leurs fuseaux et leurs quenouilles; nous ne pouvons nous charger d'une telle infamie; ma sœur aussi, dont j'ai déjà tant de peine à conserver la confiance, me la retirera entièrement. D'un autre côté, si nous nous déclarons contre Foster, Élisabeth nous accusera de protéger ses ennemis, et nous perdrons son appui.

— Et c'est la meilleure de nos cartes, dit Morton. Cependant j'avoue que j'aurais peine à rester spectateur tranquille en voyant le fer anglais se rougir du sang écossais. Mais si nous marchions à petites journées, de manière à ne pas fatiguer nos chevaux, et à n'arriver que lorsque tout sera terminé, personne ne pourrait nous imputer le blâme de ce qui se serait passé en notre absence. Qu'en pensez-vous?

— Tout le monde nous blâmerait, Morton, et nous perdrions la confiance des deux partis. Il vaut mieux au contraire une marche forcée, et tâcher d'arriver à temps pour maintenir la paix entre eux. Je voudrais que le cheval qui a amené ce Piercy Shafton en Écosse se fût rompu le cou sur la plus haute montagne du Northumberland? faut-il qu'un pareil freluquet cause tout ce tumulte, et occasione peut-être une guerre nationale?

— Si l'on avait été instruit à temps on aurait pu le faire guetter sur la frontière; il ne manque pas de maraudeurs qui nous en auraient volontiers débarrassés, n'y eussent-ils gagné que ses éperons. Mais on sonne le boute-selle, comte, j'entends vos trompettes, et si vous voulez arriver à Kennaquhair avant Foster, il n'y a pas un instant à perdre.

Suivis par environ trois cents hommes d'armes bien montés, les deux comtes traversèrent le comté de Dumfries, et entrèrent ensuite dans le Teviotdale; mais à dix ou douze milles du but de leur expédition, ils n'avaient plus avec eux qu'environ deux cents cavaliers, tant leur marche forcée avait diminué le nombre de leurs chevaux, et encore ceux qui leur restaient étaient si fatigués, qu'il aurait été impossible de les conduire à l'action sur-le-champ.

Ils avaient recueilli, chemin faisant, différens rapports sur la marche des Anglais et sur le degré de résistance que l'abbé était en état de leur opposer; mais quand ils furent à six ou sept milles de Kennaquhair, un gentilhomme du pays, à qui Murray avait envoyé ordre de se rendre près de lui, et en qui il savait qu'il avait confiance, arriva couvert de sueur et de poussière, accompagné de deux ou trois domestiques. Il leur annonça que sir John Foster, après avoir différé long-temps l'invasion dont il menaçait, piqué d'apprendre que sir Piercy Shafton était à l'abbaye de Sainte-Marie, sans même se donner la peine de se cacher, s'était déterminé tout à coup à exécuter les ordres d'Élisabeth, qui lui prescrivaient de s'emparer à tout prix de la personne de Shafton. Les efforts de l'abbé avaient réussi à rassembler un nombre de soldats à peu près égal à celui des troupes de Foster, mais beaucoup moins aguerris. Ils étaient réunis sous le commandement de Julien Avenel, et l'on présumait

que la bataille aurait lieu près d'une petite rivière qui
servait de limite du côté du sud aux domaines de Sainte-
Marie.

— Qui connaît cet endroit? demanda Murray.

— Moi, milord, répondit Glendinning.

— Fort bien, dit le comte. Prenez une vingtaine de
nos cavaliers les mieux montés, courez à toute bride,
et annoncez-leur que j'arrive à la tête de forces considérables, et que je taillerai en pièces celui des deux
partis qui frappera le premier coup. Davidson, dit-il
au gentilhomme qui avait apporté cette nouvelle, vous
me servirez de guide. Partez, Glendinning, et faites
diligence: dites à Foster que, pour le bien du service
de sa souveraine, je le conjure de me laisser le soin
d'arranger cette affaire; à l'abbé, que je brûlerai son
monastère, s'il s'avise de frapper un coup avant mon
arrivée; à ce chien de Julien Avenel, qu'il a déjà un
compte à régler avec moi, et que s'il ose en ouvrir un
autre, je ferai placer sa tête sur la flèche du clocher de
Sainte-Marie.

— J'exécuterai vos ordres, milord, répondit Glendinning; et choisissant à la hâte vingt cavaliers des
mieux montés, il partit à leur tête et continua la route
avec toute la vitesse que la fatigue avait laissée à leurs
chevaux.

Ils n'étaient guère qu'à mi-chemin lorsqu'ils rencontrèrent trois cavaliers dont la vue suffit pour leur apprendre que la bataille était déjà commencée. C'é-
taient trois frères, vassaux de l'abbaye, et qu'Halbert
connaissait. L'aîné, percé d'une flèche, était entre les
deux autres qui le soutenaient de leur mieux. Glendinning les appela, et leur demanda des nouvelles de ce

qui se passait. Mais en ce moment le blessé tomba de
cheval, paraissant rendre le dernier soupir, et ses deux
frères songeaient plus à lui prodiguer leurs soins qu'à
répondre aux questions qui leur étaient faites. Halbert
continua donc à s'avancer avec sa petite troupe, et
d'autant plus volontiers qu'il voyait accourir un plus
grand nombre de cavaliers dispersés, avec la croix de
Saint-André sur leurs toques, et qui semblaient fuir du
champ de bataille; mais dès qu'ils apercevaient le détachement de Glendinning, ils fuyaient les uns à droite,
les autres à gauche, et il fut impossible de parler à aucun. Cependant Halbert en reconnut quelques-uns, et
il ne put douter que la bataille n'eût eu lieu et que les
vassaux de Sainte-Marie n'eussent été défaits. Il fut
alors fort inquiet sur le sort de son frère, ne doutant
pas qu'il n'eût pris part à l'action, et mettant son cheval
au galop, il partit avec une telle rapidité, qu'il ne fut
possible qu'à cinq ou six de ses cavaliers de le suivre.
Enfin il atteignit une petite hauteur qui dominait sur
la plaine où la bataille s'était livrée, et au bout de laquelle coulait la petite rivière dont on a parlé.

Cette plaine offrait un bien triste spectacle. La victoire avait été vigoureusement disputée; ce qui arrivait
toujours dans ces escarmouches sur les frontières, où
une ancienne haine et le souvenir d'injures mutuelles
animaient également les deux partis. Les traits de la
plupart de ceux qui avaient péri les armes à la main
conservaient l'expression de la haine et de l'acharne-
ment. La main glacée de quelques-uns tenait encore
leur épée brisée, ou le trait dont ils avaient été percés
et qu'ils s'étaient en vain efforcés d'arracher. Quelques
blessés, perdant le courage dont ils avaient fait preuve

14

pendant l'action, appelaient du secours, sollicitaient une goutte d'eau, tandis que d'autres, n'espérant aucun secours des hommes, prononçaient, d'une langue défaillante, quelque prière pour obtenir celui du ciel.

Halbert parcourut la plaine, cherchant parmi les morts ou les blessés s'il n'y reconnaîtrait pas son frère. Les Anglais ne l'interrompirent pas dans ce soin pieux : un nuage de poussière, élevé dans le lointain, annonçait qu'ils étaient à la poursuite des fuyards. Il jugea que, s'il cherchait à s'en approcher dans le moment d'exaltation qui suit la victoire, il risquerait sans utilité sa vie et celle de ses cavaliers, que les vainqueurs croiraient faire partie des Écossais qu'ils venaient de combattre. Il résolut donc d'attendre l'arrivée du comte de Murray, et il se confirma dans cette résolution en entendant les trompettes anglaises sonner la retraite. Il réunit ses hommes, et prit position sur une hauteur que les Écossais avaient occupée au commencement de l'action, et qu'ils paraissaient avoir vigoureusement disputée, car elle était couverte de morts des deux partis.

Tandis qu'il était en cet endroit, il entendit la voix d'une femme qui poussait de faibles gémissemens. Cette circonstance le surprit; car les ennemis étaient encore trop près pour permettre aux parens des victimes de la guerre de venir chercher leurs restes pour leur rendre les derniers devoirs. Portant ses regards du côté d'où partaient les plaintes, il aperçut à peu de distance, près du corps d'un chevalier dont l'armure et l'équipement annonçaient le rang et la haute naissance, une femme penchée sur lui, enveloppée dans un manteau de soldat, et serrant un enfant sur son sein. Les Anglais ne paraissaient point, on entendait toujours le son de

leurs trompettes et les cris des chefs qui rappelaient
leurs soldats; il n'était donc pas probable qu'ils re-
vinssent de sitôt sur le champ de bataille. Désirant
donner quelques secours à cette malheureuse femme, il
laissa son cheval à la garde d'un de ses cavaliers; et
s'étant approché d'elle, il lui demanda, d'un ton plein
d'intérêt, s'il pouvait lui être de quelque utilité. Elle
ne lui répondit point; mais, s'efforçant de détacher
d'une main tremblante le casque du chevalier étendu
près d'elle, elle s'écria d'un ton de douleur et d'impatience :—Oh! il reviendrait à lui si je pouvais lui donner
de l'air! Fortune, vie, honneur, je sacrifierais tout pour
le délivrer de ce casque qui l'étouffe (1)!

Halbert Glendinning ne pouvait douter, d'après la
parfaite immobilité et le manque de respiration du chevalier si regretté, qu'il n'eût déjà rendu le dernier soupir. Il dénoua pourtant son casque, et à sa grande surprise il reconnut les traits de Julien Avenel.

—Hélas! il n'existe plus, dit-il à la jeune femme,
en qui il reconnut alors la malheureuse Catherine de
Newport.

—Oh! non, s'écria-t-elle, ne parlez pas ainsi! non,
il n'est pas mort, il n'est qu'évanoui. Moi-même j'ai eu
de longs évanouissemens; mais quand sa voix me disait
avec amitié: Catherine, ouvre les yeux, pour l'amour
de moi! je reprenais mes sens; et maintenant c'est moi
qui vous dis: Julien, ouvrez les yeux pour l'amour de
moi! Je sais que vous ne voulez que m'effrayer, dit-
elle avec un rire convulsif, mais je ne m'effraie pas. Re-
prenant alors un ton suppliant: Julien, ajouta-t-elle,

(1) Sujet de la vignette du titre de ce volume.

parlez-moi, ne fût-ce que pour me maudire. Oh! combien mon oreille serait charmée en ce moment d'entendre la parole la plus dure que vous m'ayez jamais
adressée? Levez-le! levez-le donc! êtes-vous insensible
à la pitié? Il m'a promis de m'épouser si je lui donnais
un fils, et cet enfant a tous ses traits. Mais comment
tiendra-t-il sa promesse, si vous ne m'aidez à l'éveiller?
Christie! Rowley! Hutcheon! où êtes-vous donc? Vous
ne le quittiez pas dans sa prospérité, et vous l'avez
abandonné dans le malheur.

— Non pas moi, de par le ciel! dit un mourant
étendu à deux pas, en réunissant toutes ses forces pour
se soulever sur le coude, et en qui Halbert reconnut
les traits de Christie de Clinthill: je n'ai pas reculé d'un
pouce. Mais on ne peut se battre que tant qu'on a la vie
au corps, et la mienne s'en va grand train. Eh! dit-il en
reconnaissant Halbert et en voyant son costume militaire, tu as donc pris le casque enfin? c'est un meilleur
bonnet pour vivre que pour mourir. Je voudrais que
ton frère fût ici en ta place, il y a du bon en lui; mais
toi, tu es ou tu seras bientôt un vaurien comme moi.

— A Dieu ne plaise! s'écria Glendinning involontai-
rement.

— *Amen*, et de tout mon cœur, dit le mourant; il y
aura assez grande compagnie sans toi au lieu où je vais.
Mais... Dieu soit loué!... je n'ai contribué en rien à la
ruine... de cette malheureuse. A ces mots, il retomba
épuisé, après avoir jeté un regard sur Catherine, prononça encore quelques paroles entrecoupées, sans qu'on
pût distinguer s'il priait ou s'il jurait, et rendit le dernier soupir.

Occupé du pénible intérêt que faisaient naître en lui

ces tristes événemens, Glendinning oublia un instant sa situation et les devoirs qu'elle lui imposait, et ne fut retiré de sa rêverie que par un grand bruit de chevaux et le cri de saint Georges et l'Angleterre! qu'il entendit près de lui. Ceux de ses cavaliers qui n'avaient pu le suivre avaient attendu à quelques milles l'arrivée du comte Murray, et la poignée d'hommes qui l'avaient accompagné restaient à cheval, la lance droite, n'ayant reçu ordre ni de résister ni de se rendre.

— Voilà notre capitaine, dit l'un d'eux à un officier anglais qui commandait un détachement bien supérieur en nombre, et qui les sommait de mettre bas les armes : adressez-vous à lui.

— Votre capitaine? dit l'Anglais, à pied et l'épée dans le fourreau en présence de l'ennemi! C'est donc une recrue? Eh! jeune homme, votre rêve est-il fini? Avez-vous envie de fuir ou de vous battre?

— Ni l'un, ni l'autre, répondit tranquillement Glendinning.

— Mettez donc bas les armes, et rendez-vous.

— C'est ce que je n'ai pas plus d'envie de faire, répondit Glendinning avec le même calme.

— Sous la bannière de quel chef servez-vous?

— Sous celle du noble comte de Murray.

— Vous servez donc le seigneur le plus déloyal qui existe; traître à l'Angleterre comme à l'Écosse.

— Tu mens! s'écria Glendinning sans s'inquiéter des conséquences de sa hardiesse.

— Te voilà bien chaud, maintenant, toi qui étais si froid tout à l'heure. Ah! je mens! me le soutiendras-tu les armes à la main?

— Un contre un, un contre deux, deux contre cinq,

14.

répondit Glendinning ; je demande seulement un combat loyal.

— C'est bien ce que j'entends, répliqua le capitaine anglais. Reculez, camarades, dit-il à ses soldats ; et si je succombe, laissez-le se retirer avec ses cavaliers.

— Notre capitaine ne mourra pas dans son lit, dit le sergent à ses camarades, s'il se bat ainsi sans raison avec le premier venu, et surtout avec des jeunes gens dont il pourrait être le père.

Sir John Foster, à la tête d'un corps de cavalerie assez nombreux, arriva précisément à l'instant où Glendinning, venant de désarmer le capitaine anglais dont l'âge rendait ce combat inégal, avait ramassé l'épée de son ennemi et la lui présentait.

— Prends-la, Stawarth Bolton, prends-la, mon vieux brave, dit Foster : et toi, jeune homme, qui es-tu ?

— Écuyer du comte de Murray, et chargé par lui d'un message pour vous. Mais il s'en acquittera lui-même, car j'aperçois son avant-garde.

— Formez vos rangs, dit sir John Foster à ses soldats, et que ceux qui ont rompu leur lance tirent l'épée. Nous ne nous attendions pas à un second combat ; mais si le nuage qui paraît sur cette colline nous amène un orage, il faudra y faire tête de notre mieux. En attendant, Stawarth, nous avons pris le daim que nous chassions. Voilà Piercy Shafton bien garotté entre deux cavaliers.

— Quoi ! dit Bolton, cet enfant ? Ce n'est pas plus Piercy Shafton que je ne le suis moi-même. Ce sont ses habits à la vérité ; mais Piercy a une bonne dizaine d'années de plus que ce morveux. Je le connais depuis

son enfance. Ne l'avez-vous jamais vu dans un tournoi
ou à la cour?

— Au diable la cour et les tournois! s'écria Foster :
quand ai-je jamais eu le temps de songer aux vanités
du monde? Ne suis-je pas en quelque sorte l'exécuteur
des hautes œuvres de la reine, donnant la chasse un
jour à des brigands, et le lendemain à des traîtres, ayant
toujours le pied dans l'étrier? Et maintenant s'il est
vrai que je me sois trompé sur la personne d'un homme
que je n'ai jamais vu, je réponds que les premières
lettres que je recevrai du conseil vont me traiter comme
un chien. Je suis bien las d'un tel service!

Un trompette envoyé par le comte de Murray inter-
rompit les plaintes de Foster, en lui disant que son
maître lui faisait demander une conférence à mi-chemin
entre les deux armées, et où chacun d'eux se rendrait
avec une suite de dix hommes seulement.

— Et maintenant dit Foster à Bolton, voilà un autre
fléau. Il faut que je parle à cet Écossais, le plus double
des hommes, qui s'entend mieux que personne à jeter
de la poudre aux yeux par de belles paroles. Je ne suis
pas en état de lui tenir tête en pareille lutte, et nos soldats sont bien fatigués pour risquer un second combat
sans nécessité. Trompette, dites à votre maître que je
consens à la conférence. Et vous, écuyer, dit-il à Glendinning, suivez le trompette avec vos cavaliers; retirez-
vous. Stawarth Bolton, rangez notre troupe en bataille,
et qu'elle soit prête à marcher au premier signal. Eh
bien! sire écuyer, m'avez-vous entendu? Partez à
l'instant.

Malgré cet ordre péremptoire, Halbert ne put s'empêcher de s'arrêter un moment près de l'infortunée

Catherine. Elle était étendue sans mouvement près du corps de Julien, et il vit que l'excès de la douleur avait rompu les liens qui l'attachaient à la vie. Il prit l'enfant qu'elle serrait encore contre son sein, presque honteux des éclats de rire qui partaient de toutes parts dans les rangs des Anglais, en voyant un homme armé, en pareilles circonstances, se charger d'un fardeau si extraordinaire et si embarrassant.

— Portez donc mieux votre enfant! cria un soldat.

— Lui donnerez-vous la bouillie? demanda un second.

— Silence, brutes que vous êtes, s'écria Bolton, et si vous n'avez pas d'humanité, respectez-la dans les autres. Je pardonne au brave jeune homme de m'avoir désarmé, en le voyant sauver cette pauvre créature que vous auriez foulée aux pieds comme si c'était un louveteau.

Tandis que cela se passait, les deux chefs se rendaient au lieu convenu pour la conférence, et Murray adressa la parole à l'Anglais en ces termes :

— Comment justifierez-vous votre conduite, sir John, et pour qui me prenez-vous, ainsi que le comte de Morton? Croyez-vous que nous puissions vous voir impunément entrer en Écosse, bannières déployées, y répandre le sang de nos concitoyens, y faire des prisonniers, et cela après les preuves de dévouement que nous avons données à votre souveraine, sauf la fidélité que nous devons à la nôtre?

— Comte de Murray, répondit Foster, tout le monde rend justice à votre esprit et à votre éloquence; mais depuis plusieurs semaines vous me promettez de faire arrêter un homme coupable de rébellion contre ma maîtresse, Piercy Shafton de Wilvarton; vous ne m'avez pas tenu parole, alléguant tantôt des troubles dans l'ouest, tantôt d'autres prétextes pour vous en dispenser. Ayant appris qu'il avait l'insolence de se montrer publiquement et au grand jour à dix milles de nos frontières, mon devoir ne me permettait pas de souffrir plus long-temps vos délais, et j'ai été obligé de recourir à la force pour m'emparer de la personne de ce rebelle.

— Piercy Shafton est donc entre vos mains? Sachez pourtant que je ne puis vous le laisser emmener sans tirer l'épée; ce serait trop de honte pour moi.

— Quoi! milord, après toutes les faveurs dont la reine d'Angleterre vous a comblé, vous embrasseriez la défense d'un de ses sujets rebelles?

— Non, sir John; mais je combattrai jusqu'à la mort pour défendre les droits et la liberté de l'Écosse.

— Comme il vous plaira, comte; le tranchant de mon épée n'est pas encore émoussé, malgré la besogne qu'elle a faite ce matin.

— Sur mon honneur, sir John, dit un des seigneurs de sa suite, je ne vois pas que nous ayons le moindre motif pour tirer l'épée contre ces nobles lords écossais. Je suis du même avis que le vieux Bolton, et je pense que votre prisonnier n'est pas plus Piercy Shafton que le duc de Northumberland. Rien ne vous justifierait de rompre la paix entre les deux pays pour un prisonnier de moins d'importance.

— Ce doit être lui, dit Foster, d'après le signalement qu'on m'en a fait. Au surplus, qu'on l'amène ici, nous l'interrogerons en présence du comte de Murray.

Les rieurs ne furent pas pour sir John Foster quand, le prisonnier étant arrivé, on reconnut que bien loin que ce fût sir Piercy Shafton, c'était une femme déguisée en homme.

— Qu'on lui retire cet habillement, s'écria Foster, et qu'on l'envoie parmi nos palefreniers. Elle est sans doute accoutumée à pareille compagnie.

Murray lui-même ne put s'empêcher de rire du mécontentement de sir John ; mais il résolut de ne pas souffrir qu'on maltraitât la belle meunière, qui avait une seconde fois sauvé la vie de sir Piercy au risque de la sienne, en prenant son costume pendant la déroute.

— Vous avez déjà, dit Murray au chef anglais, fait plus de mal que vous n'en pourrez réparer, et je me croirais déshonoré si je souffrais qu'on touchât seulement à un des cheveux de cette femme.

— Milord ! dit Morton, si vous me permettez un instant de conversation particulière avec sir John, j'espère le convaincre qu'il n'a rien de mieux à faire que de rentrer en Angleterre, et d'abandonner ce qui s'est passé aujourd'hui au jugement des commissaires chargés par les deux couronnes de connaître des délits qui ont eu lieu sur les frontières.

Alors prenant Foster à part : — Sir John, lui dit-il, je suis surpris qu'un homme qui connaît aussi bien que vous votre reine Élisabeth, ne sente pas que le moyen de gagner ses bonnes graces, c'est de lui rendre des services véritables, et non pas de lui susciter sans utilité des querelles avec ses voisins. Je vais vous parler encore plus franchement, sire chevalier, et vous conviendrez vous-même de la vérité de ce que je vais vous dire. Quand le résultat de cette incursion mal combinée eût été l'arrestation de sir Piercy Shafton, si elle eût, comme cela est vraisemblable, menacé d'occasioner une rup-

ture entre les deux couronnes, votre politique maîtresse et son conseil, qui ne l'est pas moins, auraient
désavoué et disgracié sir John Foster, plutôt que de
déclarer la guerre pour le soutenir. Jugez donc quels
remerciemens vous obtiendriez si, après avoir échoué
dans l'objet principal de votre entreprise, vous pous-
siez les choses plus loin. Contentez-vous de l'assurance
que je vous donne que j'obtiendrai du comte de Murray qu'on renvoie d'Écosse sir Piercy Shafton. Que
gagnerez-vous à un nouveau combat? Nos troupes sont
plus nombreuses, les vôtres sont fatiguées; l'événement
n'en pourrait être douteux.

Sir John Foster l'écouta la tête penchée : — Oui,
lui dit-il, j'en conviens, c'est une sotte affaire, et je
n'en recevrai pas de félicitations.

Retournant alors vers le comte de Murray, il lui dit
que par déférence pour lui et pour le comte de Morton
il allait se retirer avec ses troupes.

— Un moment, s'il vous plaît, sir John, dit Murray ;
je ne puis vous permettre de faire votre retraite sans
obstacle, qu'autant que vous me laisserez un ôtage qui
garantisse à l'Écosse une indemnité convenable pour le
tort que lui a fait votre invasion sans juste motif. Vous
devez réfléchir qu'en vous laissant partir je me rends
responsable envers ma souveraine, qui me demandera
compte du sang de ses sujets versé par vos mains et
par votre ordre.

— Jamais il ne sera dit en Angleterre, comte, que
John Foster, sur le champ de bataille où il a triomphé,
ait donné des ôtages comme s'il eût été vaincu. Cependant, ajouta-t-il après un moment de réflexion, si Stawarth Bolton veut rester avec vous de son plein gré, je

ne m'y oppose pas; je crois même qu'il convient que
je laisse ici quelqu'un chargé de s'assurer par ses propres yeux du renvoi de ce Piercy Shafton.

— Je le reçois en qualité d'ôtage, dit Murray, et
non autrement. Mais Foster, se détournant comme
pour donner quelques ordres à ceux qui l'accompagnaient, feignit de ne pas avoir entendu cette obser-
vation.

— Voilà un fidèle serviteur de sa très-belle et très-ab-
solue souveraine, dit Murray à Morton en voyant sir
John s'éloigner. Il ne sait pas s'il ne lui en coûtera pas
la tête pour avoir obéi à ses ordres, et il l'aurait certainement perdue s'il ne les eût pas exécutés. Heureux
celui qui n'est pas soumis aux caprices de la fortune, et
qui n'en est pas rendu responsable par une souveraine
aussi fantasque et aussi capricieuse qu'elle.

— Et nous aussi, milord, dit Morton, nous avons
une femme pour nous gouverner.

—Oui, Douglas, dit le comte en étouffant un soupir.
Mais il reste à voir combien de temps la main d'une
femme pourra conserver les rênes du pouvoir dans un
pays déchiré par tant de factions que le nôtre. Quant à
présent, marchons à Sainte-Marie, et voyons par nous-
mêmes ce qui se passe dans ce monastère. Glendinning,
veillez sur cette jeune femme et protégez-la. Que diable
portez-vous donc sous votre manteau? un enfant? et où
avez-vous fait une pareille trouvaille?

Halbert lui conta l'histoire en deux mots. Le comte
se rendit à l'endroit où était le corps de Julien, près
de celui de la malheureuse Catherine dont un bras
l'entourait encore. C'était un chêne déraciné par la
tempête, avec le lierre auquel il servait d'appui. Le

froid de la mort les avait saisis tous deux. Murray en
parut touché à un degré qui ne lui était pas ordinaire; le souvenir de sa naissance y contribuait sans
doute. — De quelle responsabilité ne se chargent pas,
Morton, dit-il, ceux qui abusent ainsi d'une aveugle
tendresse!

Le comte de Morton, malheureux en mariage, n'é-
tait pas très-régulier dans ses mœurs.

— Il faut faire cette question à Henry Warden, milord, répondit-il; je suis un mauvais conseiller en tout
ce qui regarde les femmes.

— A Sainte-Marie! dit Murray. Glendinning, donnez
l'ordre de la marche. Remettez cet enfant à ce cavalier
femelle, et qu'elle en prenne soin. Qu'on respecte les
morts, et qu'on ordonne aux paysans de leur donner
la sépulture. En avant, soldats!

CHAPITRE XXXVII.

« La paix est faite, il faut songer au mariage. »

SHAKSPEARE. *Le roi Jean.*

La nouvelle de la perte de la bataille, que les fuyards avaient répandue dans le village ainsi qu'au monastère, avait semé l'alarme parmi les habitans. Le sacristain et d'autres moines disaient que le parti le plus prudent était de prendre la fuite ; le trésorier ouvrait l'avis d'offrir les vases d'argent de l'église à l'officier anglais pour l'engager à se retirer ; l'abbé seul avait conservé tout son courage et toute sa fermeté.

— Mes frères, dit-il, si Dieu n'a pas permis que nos guerriers sortissent triomphans du combat, c'est sans doute parce qu'il veut que nous, ses soldats spirituels,

nous combattions pour la palme du martyre, combat
dans lequel une lâcheté sans exemple pourrait seule
nous empêcher de remporter la victoire. Revêtons donc
l'armure de la foi, et préparons-nous, s'il le faut, à
mourir sous les ruines de ce monastère, au service de
celui auquel nous nous sommes consacrés. Nous pouvons tous recueillir le même honneur dans cette circonstance mémorable, tous depuis notre cher frère
Nicolas, dont les cheveux gris semblent avoir été con-
servés pour être honorés de la couronne du martyre,
jusqu'à mon bien-aimé fils Édouard, qui, n'arrivant
pour travailler à la vigne qu'à la dernière heure du
jour, est cependant appelé à partager la récompense
promise à ceux qui ont travaillé depuis le matin. Prenez courage, mes enfans. Je n'ose vous promettre,
comme mes saints prédécesseurs, que Dieu fera un
miracle pour vous sauver, vous et moi nous sommes
indignes de cette entremise toute spéciale qui, dans les
premiers temps, dirigeait l'épée sacrilège contre le cœur
même des tyrans armés contre les élus, frappait de stu-
peur les hérétiques en multipliant les prodiges, et en-
voyait des légions d'anges au secours des serviteurs de
Dieu. Cependant, avec l'aide du ciel, vous verrez que
votre abbé ne déshonorera pas la mitre que vous avez
placée sur son front. Retirez-vous dans vos cellules,
mes enfans, et faites-y de ferventes prières. Mettez vos
aubes et vos chapes comme dans les cérémonies les plus
solennelles, et soyez prêts lorsque le son de la grosse
cloche annoncera l'approche de l'ennemi, à marcher
en procession à sa rencontre. Que l'église soit ouverte
pour servir de refuge à ceux de nos vassaux qui, pour
s'être signalés dans le malheureux combat d'aujour-

d'hui, ou par quelque autre cause, craindraient particulièrement la fureur de l'ennemi. Dites à sir Piercy
Shafton, s'il a eu le bonheur d'échapper au carnage.....

— Me voici, très-vénérable abbé, reprit sir Piercy,
et, si vous le permettez, je vais rassembler tout ce que je
pourrai trouver de soldats, et nous nous défendrons jusqu'à la mort. Tout le monde vous dira que j'ai fait mon
devoir dans cette malheureuse affaire. S'il avait plu à
Julien Avenel de suivre mes conseils, et de changer
quelque chose à son plan de bataille, les affaires auraient pris une tournure bien différente, et nous aurions pu alors soutenir le combat d'une manière, j'ose
le dire, plus heureuse. Ce n'est pas que je veuille flétrir
par un souffle impur l'une des fleurs les plus précieuses
de la chevalerie; je l'ai vu tomber en combattant, le
visage tourné vers l'ennemi, ce qui a banni de ma mémoire les épithètes un peu libres qu'il se permettait de
me donner lorsque ma condescendance s'abaissait à lui
donner des conseils. Ah ! sans cette glorieuse mort, je
puis dire avec vérité que le chevalier se serait attiré
quelque mauvaise affaire; l'honneur m'eût fait un devoir de l'immoler de ma propre main.

— Sir Piercy, dit l'abbé, nos momens sont précieux;
il est inutile d'examiner ce qui eût pu arriver, occu-
pons-nous...

— Vous avez raison, mon très-vénérable père, reprit
l'incorrigible euphuiste; le prétérit, comme disent les
grammairiens, intéresse moins la fragile humanité que
le temps futur; et, comme Votre Révérence allait très-
bien le dire, c'est surtout du présent qu'il faut nous
occuper. Je suis donc prêt à commander tous ceux qui
voudront me suivre, et à essayer sur les Anglais le

tranchant de mon épée, quoiqu'ils soient mes compatriotes.

— Je vous remercie, sire chevalier : je ne doute pas de votre courage; mais notre devoir est de souffrir et non de résister. Nous ne pourrions nous résoudre à faire couler inutilement le sang de nos vassaux. Je leur ai donné l'ordre de quitter la lance et l'épée. Dieu n'a pas béni nos efforts; c'est à nous à nous soumettre à ses décrets.

— De grace, mon très-révérend père, dit vivement sir Piercy Shafton, songez, avant de renoncer à vous défendre, qu'il y a, près de l'entrée de ce village, des positions où de braves soldats pourraient se couvrir de gloire. S'il fallait quelque chose pour doubler mon courage, il me suffirait de penser à ma jeune amie, qui, je l'espère, n'est pas tombée entre les mains des hérétiques.

— Je vous comprends, sir Piercy : vous voulez parler de la fille de notre meunier.

— Très-révérend abbé, dit Shafton, la belle Mysinda est, et je sens qu'on peut l'alléguer jusqu'à un certain point, la fille d'un homme qui prépare machinalement le blé dont on fait le pain sans lequel nous ne pourrions exister ; métier qui par conséquent n'a rien en lui-même de déshonorant. Néanmoins, si les sentimens les plus purs d'une ame généreuse, semblables aux rayons du soleil qui viennent se réfléchir sur un diamant, peuvent anoblir une personne qui est en quelque sorte fille d'un obscur molendinaire....

— De grace, abrégeons cette discussion, sire chevalier; tout ce que j'ai à vous répondre, c'est que nous sommes résolus à ne pas combattre plus long-temps.

15.

Nous vous apprendrons à mourir de sang-froid, non pas le bras armé pour nous défendre, mais les mains jointes dans l'attitude de la prière, non pas l'ame remplie de haine et de jalousie, mais le pardon sur les lèvres et la contrition dans le cœur, au lieu de faire retentir l'air du son bruyant des instrumens de guerre, chantant des hymnes et des cantiques à la gloire du Seigneur, comme des hommes qui songent à se réconcilier avec Dieu, et non à se venger de leurs semblables.

—Très-révérend abbé, dit sir Piercy, permettez-moi de vous dire que tout cela ne change rien au sort de ma Molinara, et que je ne l'abandonnerai pas, tant que poignée d'or et lame d'acier seront à mon côté. Je lui avais recommandé de ne pas nous suivre sur le champ de bataille ; mais je crois l'avoir vue sous ses habits de page au milieu des combattans.

— Croyez-moi, sir Piercy, cherchez ailleurs la personne dont le sort vous intéresse si vivement, peut-être est-elle à présent dans l'église, où nos vassaux sans défense se sont réfugiés. Je vous conseille de vous mettre aussi sous la protection des autels; songez bien que commettre la moindre imprudence, qu'exposer votre vie, c'est nous compromettre tous ; car il n'est personne parmi nous qui pût se décider à abandonner un hôte ou un ami pour sauver ses jours. Laissez-nous, mon fils, et que Dieu veille sur vous !

Sir Piercy Shafton venait de partir, et l'abbé allait se retirer lui-même dans sa cellule, lorsqu'on vint lui dire qu'un inconnu demandait instamment à lui parler. Cet inconnu n'était autre que Henry Warden. L'abbé ne put retenir un mouvement d'indignation en le voyant

— Faut-il donc, s'écria-t-il, que le peu d'instans que le destin laisse encore à celui qui peut-être portera le dernier la mitre dans ce monastère, soient troublés et remplis d'amertume par la présence de l'hérésie ? Venez-vous, ajouta-t-il, venez-vous jouir de nos malheurs ; venez-vous profaner les tombeaux de nos bienfaiteurs, et détruire la maison du Seigneur et de la sainte Vierge ?

—Vous ne me rendez pas justice, William Allan, dit Warden ; mais je n'en persiste pas moins dans ma résolution. Vous m'avez protégé dernièrement, au risque de votre vie et de votre réputation, dans votre couvent qui vous est plus précieux que la vie. Maintenant c'est notre cause qui triomphe. Si je quitte la vallée où vous m'aviez laissé prisonnier, c'est pour tenir mes engagemens avec vous.

— Oui, répondit l'abbé, peut-être la pitié toute mondaine, qui plaida ta cause dans mon cœur, attire-t-elle sur nous le jugement dont nous sommes menacés. Le ciel a frappé peut-être le berger coupable et dispersé le troupeau.

— Garde une meilleure opinion des jugemens célestes, dit Warden ; ce n'est point à cause de tes péchés, qui sont ceux de ton éducation et des circonstances ; ce n'est point à cause de tes péchés que tu es frappé, William Allan, mais pour les crimes que ton Église, mal nommée, a accumulés sur elle et sur ses ministres par les erreurs et la corruption des siècles.

— Par ma croyance à la barque de Pierre ! dit l'abbé, tu allumes en mon cœur la dernière étincelle d'indignation humaine qui y restait. Je croyais être désormais à l'abri de l'influence des passions, et c'est ta voix qui vient de nouveau me forcer à prononcer des expressions de colère. Oui, c'est ta voix qui vient m'insulter à l'heure de mon affliction, en blasphémant contre cette Église qui a conservé la lumière du christianisme depuis les apôtres jusqu'à nos jours.

— Depuis le temps des apôtres ! s'écria le prédicateur toujours ardent à répliquer, *negatur, Gulielme Allan*. La primitive Église différait autant de celle de Rome que la lumière diffère des ténèbres. Si le temps me le permettait, je m'empresserais de te le prouver. Tu es dans une erreur non moins coupable en disant que je viens pour t'insulter à l'heure de ton affliction, quand, j'en atteste le ciel, je ne suis ici qu'avec le désir tout chrétien de remplir l'engagement fait avec mon hôte, pour me livrer à sa volonté, si elle veut encore exercer quelque pouvoir sur moi ; pour apaiser enfin en ta faveur la rage des ennemis que Dieu envoie comme le châtiment de ton obstination.

— Je refuse votre entremise, dit l'abbé d'un ton noble et fier. Quelle que soit la crise où nous nous trouvions, je saurai toujours conserver intact le sentiment de ma dignité. Je ne vous demande rien, que l'assurance formelle que vous n'avez pas cherché à me faire repentir de mon indulgence, ni à égarer aucune des âmes que le Seigneur a confiées à ma garde.

— William Allan, reprit Warden, je serai sincère avec vous. Ce que je vous ai promis, je l'ai fait. Je me suis renfermé dans le plus absolu silence, et je n'ai fait aucun effort pour dessiller les yeux que l'erreur tient encore fermés. Mais il a plu au ciel de faire briller le flambeau de la vérité aux regards de Marie Avenel ; et c'est alors qu'il m'a été permis de l'aider de mes conseils ; et je l'ai sauvée des machinations des mauvais esprits auxquels sa maison fut en butte pendant l'aveuglement que lui causaient les superstitions de l'Église romaine ; j'espère qu'elle est enfin à l'abri de tes pièges.

— Misérable ! s'écria l'abbé incapable de contenir son indignation, est-ce à l'abbé de Sainte-Marie que tu oses tenir de pareils discours ? Est-ce devant lui que tu viens te vanter d'avoir égaré une ame que trop d'exaltation peut-être a entraînée dans le sentier de l'erreur et de l'hérésie ? Retire-toi, je craindrais d'oublier ce que je dois peut-être à l'amitié qui nous a unis, et surtout ce que je dois à mon caractère.

—Votre fureur ne m'empêchera pas de faire tout ce qui dépendra de moi pour vous être utile, toutes les fois que mon devoir ne s'y opposera point, reprit le prédicateur protestant. Je me rends auprès du comte de Murray.

La conversation fut interrompue dans cet instant par le son lugubre et prolongé de la grosse cloche du couvent, célèbre dans les annales de la communauté pour dissiper les tempêtes et mettre en fuite les démons, mais qui alors annonçait seulement le danger sans fournir aucun moyen de s'en garantir. L'abbé donna de nouveau l'ordre que tous les frères se revêtissent de tous leurs ornemens, et descendissent dans l'église ; puis il monta dans la tourelle du monastère, où il rencontra le sacristain.

— C'est probablement la dernière fois que je remplirai mes fonctions, lui dit celui-ci, car voici les Philistins qui approchent ; mais je n'aurais pas voulu que la grosse cloche du monastère fût sonnée aujourd'hui

par une autre main que la mienne. J'ai commis bien des
péchés sans doute, ajouta-t-il en regardant le ciel; cependant j'ose dire que jamais on n'a trouvé à redire à
la manière dont les cloches sonnent depuis que le père
Philippe a la surintendance du beffroi.

L'abbé ne répondit rien ; il jeta les yeux sur la route
qui descendait du midi vers Kennaquhair. Il vit dans le
lointain un nuage de poussière, et entendit le hennis-
sement d'un grand nombre de chevaux, tandis que l'é-
clat des lances qui brillaient dans les airs lui annonçait
que la troupe s'avançait en armes.

— Je rougis de ma faiblesse, dit Eustache en essuyant
les larmes qui s'échappaient malgré lui de ses yeux ;
ma vue se trouble; je ne puis distinguer leurs mouvemens. Dites-moi, mon fils Édouard, ajouta-t-il en s'a-
dressant au jeune novice qui venait de le rejoindre ,
quelles enseignes portent-ils?

— Ce sont des Écossais! s'écria Édouard. Je distingue
des croix blanches. Peut-être sont-ce les habitans des
frontières de l'ouest , ou bien Fernieherst avec son
clan.

— Regardez la bannière, dites-moi quelles sont les
armoiries.

—Les armes de l'Écosse, le lion avec son trescheur (1),
partagé, à ce qu'il me semble, par trois bandes. Serait-
ce l'étendard royal?

— Hélas! non; c'est celui du comte de Murray. Il a
pris les armes de la maison de Randolphe, et a quitté
celles qui eussent rappelé trop clairement son origine.
Plaise à Dieu du moins qu'il ne l'ait pas oubliée!

_____

(1) Bordure qui entoure les armoiries . terme de blason. — Éd.

— Mais, mon père, il nous protégera contre les Anglais !

— Oui, mon fils, comme le berger arrache à la dent du loup une brebis qu'il destine lui-même à la tuerie. Oh! mon cher, Édouard, que de malheurs sont prêts à fondre sur nous ! L'ennemi a fait une brèche dans les murs de notre sanctuaire. Votre frère a quitté le sentier de la foi. Telle est la dernière nouvelle que m'apprit mon agent secret. Murray a déjà parlé de récompenser ses services en lui donnant la main de Marie Avenel.

— De Marie Avenel! dit Édouard d'une voix faible, et se soutenant à peine.

— Oui, mon fils, de Marie Avenel, qui a aussi abjuré la foi de ses pères. Ne pleurez pas, mon Édouard, ne pleurez pas, mon fils bien-aimé; ou que ce soit leur apostasie, et non leur union, qui fasse couler vos larmes. Bénissez le Seigneur qui vous offre des consolations dans vos peines, et au service duquel vous avez pris la noble résolution de vous consacrer.

— Je m'efforce, mon père, de l'oublier, dit Édouard; mais il y a si long-temps que je ne puis..... Êtes-vous bien sûr que Murray favorise un mariage aussi inégal sous le rapport de la naissance?

— N'en doutez-pas, puisqu'il y trouve son intérêt. Le château d'Avenel est fortifié, et le comte est bien aise d'y placer quelqu'un qui lui soit entièrement dévoué. Quant à l'inégalité des rangs et de la naissance, c'est ce qui ne l'inquiète pas plus qu'il ne se ferait scrupule de détruire la régularité naturelle du terrain, s'il lui prenait envie d'y ouvrir une tranchée et d'y élever des redoutes. Allons, rappelez votre courage, mon enfant; je ne pleure pas, moi, et cependant que ne vais-je point perdre? Regardez ces tours où les saints ont passé leur vie, où reposent des héros! Bientôt peut-être elles seront abattues. Et ce troupeau pieux, placé depuis si peu de temps sous ma direction, demain, peut-être, il sera dispersé, et n'aura plus de bercail. Mais chassons ces tristes idées, et apprêtons-nous à aller au-devant du sort qui nous attend. Je les vois s'approcher du village.

L'abbé descendit, le jeune novice jeta un dernier regard autour de lui. Le sentiment du danger qui menaçait le monastère ne pouvait bannir de son esprit le souvenir de Marie Avenel. — Elle épouse mon frère! — Il baissa son capuchon sur sa figure, et suivit son supérieur.

Toutes les cloches de l'abbaye sonnèrent alors à la fois. Les moines répétaient leurs prières en se rangeant dans l'église dans l'ordre établi pour les processions, et des larmes s'échappaient de leurs yeux en songeant que ce serait sans doute la dernière qu'il leur serait permis de faire.

— Il est heureux que le père Boniface se soit retiré, dit le père Philippe; je suis sûr que ce jour eût été le dernier de sa vie; son cœur se serait brisé.

— Il n'en était pas ainsi du temps de l'abbé Ingelram! dit le vieux père Nicolas en poussant un profond soupir; qu'allons-nous devenir? On dit qu'on va nous chasser du monastère; mais comment vivre ailleurs que dans le lieu où j'ai passé mes soixante-dix ans. Ma seule consolation, c'est que du moins je n'ai plus long-temps à vivre.

Peu de temps après, la grande porte de l'abbaye fut ouverte, et la procession commença à se déployer len-

tement et dans le plus grand ordre. Tous les frères, pré-
cédés de la croix et des bannières sacrées, marchaient
solennellement deux à deux, en chantant de saints cantiques. L'encens s'élevait vers le ciel. Au milieu de la
procession venait l'abbé, entouré des moines les plus
respectables par l'âge ou par l'expérience. Il était re-
vêtu de toutes les marques de sa dignité, et avait le front
aussi calme, aussi serein que s'il se fût agi d'une cérémonie ordinaire. Après lui s'avançaient les novices portant des aubes d'une blancheur éblouissante, et les
frères lais, distingués par leurs barbes; car les pères la
laissaient rarement pousser. Des femmes et des enfans
au milieu desquels se trouvaient quelques hommes for-
maient l'arrière-garde : et les cris de douleur qu'ils laissaient échapper par intervalles se mêlaient aux prières
des moines et à leurs saints cantiques.

Ce fut dans cet ordre que la procession entra sur la
place du petit village de Kennaquhair, qui était alors
ornée, comme elle l'est encore aujourd'hui, d'une croix
antique d'un travail précieux qu'on présume avoir été
donnée par quelque ancien monarque d'Écosse. Au pied
de la croix s'élevait un chêne d'une antiquité non moins
reculée, et qui peut-être avait été jadis témoin des
mystères des druides. Semblable à l'arbre de Bentang
des villages africains, ou à ce chêne mentionné dans
l'histoire naturelle de Selbourne par White, cet arbre
était le rendez-vous des habitans du hameau, et regardé
avec une vénération particulière, sentiment commun à
presque toutes les nations, et qu'on peut retrouver jus-
que dans les plus anciens âges du monde, lorsque les
patriarches servaient un repas aux anges sous le chêne
de Mamré.

Les moines se rangèrent autour de la croix, et les vieillards et tous ceux qui partageaient l'alarme générale se pressaient sous les débris du vieux chêne. Il se fit alors un profond silence. Les chants cessèrent, les plaintes furent étouffées, et tous attendirent dans une sainte terreur l'arrivée de leurs ennemis.

On entendit bientôt dans l'éloignement un bruit sourd et prolongé de plus en plus distinct à mesure que la troupe approchait. Déjà on distinguait le galop des chevaux et le bruit des armures. Les cavaliers ne tardèrent pas à paraître à la principale entrée de la place au milieu du village. Ils entrèrent deux par deux dans le plus grand ordre. Après en avoir fait le tour, parvenus à l'extrémité, ceux qui étaient en avant s'arrêtèrent, la tête de leurs chevaux tournée du côte de la rue ; leurs compagnons suivirent leur exemple et exécutèrent la même manœuvre, jusqu'à ce que la place fût entourée d'un triple rang de soldats. Il y eut alors un moment de calme et de silence dont l'abbé profita pour ordonner aux moines d'entonner le *De profundis*. Il promena ses regards autour de lui pour voir quelle impression ce chant solennel produirait sur l'esprit des troupes ; et il ne vit sur presque toutes les figures que l'expression de l'indifférence : tant il est difficile de ranimer l'enthousiasme qui s'est une fois éteint !

— Les cœurs sont endurcis, dit l'abbé en lui-même ; mais ne désespérons pas encore ; il faut voir à présent si ceux de leurs chefs ne le sont pas moins.

Les comtes de Murray et de Morton s'avançaient alors à la tête de leurs principaux guerriers, parmi lesquels se trouvait Halbert Glendinning. Ils s'arrêtèrent à l'entrée de la place, et continuèrent une conversation

qui paraissait les intéresser vivement. Henry Warden,
le prédicateur, qui, en quittant le monastère, avait été
sur-le-champ les rejoindre, était le seul qui fût admis
à leur conférence.

— Vous êtes donc décidé, dit Morton à Murray, à
donner l'héritière d'Avenel et tous ses biens à ce jeune
homme obscur et sans nom ?

— Warden ne vous a-t-il pas dit qu'ils ont été élevés
ensemble, et qu'ils s'aiment dès la plus tendre enfance?

— Ajoutez, dit Warden, qu'ils viennent tous deux
de se convertir à notre religion. Le séjour que j'ai fait
à Glendearg m'a mis au fait de toutes ces circonstances.
Il ne siérait ni à ma profession ni à mon caractère de
m'entremettre dans des mariages; mais je dois cependant prier Vos Seigneuries de ne pas s'opposer à des
sentimens qui, modérés par l'influence salutaire de la
religion, assurent le bonheur de la vie. Je dois leur dire
qu'elles feraient très-mal de rompre des nœuds que le
ciel même semble avoir formés, et de donner la jeune
Marie Avenel au parent de lord Morton, tout cousin de
lord Morton qu'il est.

— Voilà de belles raisons sans doute, comte de Murray, dit Morton, pour me refuser une grace aussi simple
que celle de donner la main de cette petite sotte au
jeune Bennigask. Pourquoi ces détours, milord? Expliquez-vous ouvertement. Dites que vous aimez mieux
voir le château d'Avenel dans les mains d'un homme
qui vous doit son nom et son existence qu'au pouvoir
d'un Douglas, d'un de mes parens.

— Je n'ai rien fait, milord, qui doive vous affliger,
dit Murray. Ce jeune Glendinning m'a rendu service;
il peut m'en rendre de plus signalés encore. Il a en

quelque sorte ma parole pour ce mariage; il l'avait du
vivant même de Julien Avenel, lorsque la jeune Marie
n'avait absolument que sa jolie main à lui donner. Vous,
au contraire, vous n'avez pensé à ce mariage pour
votre parent que depuis que vous avez vu Julien Avenel étendu mort sur le champ de bataille, et avant vous
avez su que sa nièce pouvait ajouter le don d'un château à celui de son cœur. Allons, allons, milord, ce
n'est pas rendre justice à votre brave parent, que de
faire choix pour lui d'une pareille épouse; car après tout
cette jeune fille n'est, sous tous les rapports, qu'une
franche paysanne, à la naissance près. Je croyais que
vous respectiez davantage l'honneur des Douglas.

— L'honneur des Douglas sera toujours intact tant
que je vivrai, reprit fièrement Morton; mais c'est vouloir déshonorer le nom d'Avenel que de le transmettre
à un paysan.

— Vains discours, dit lord Murray; dans des temps
tels que ceux-ci, c'est par leurs actions que nous devons juger les hommes, et non par leur généalogie.
Toutes les familles descendent de quelque homme d'une
basse naissance; heureuses si elles se montrent toujours
dignes de celui qui les a tirées le premier de l'obscurité.

— Lord Murray voudra bien en excepter la famille
de Douglas, dit Morton avec aigreur. Je ne sache pas
qu'elle ait jamais dégénéré, ni qu'elle soit d'une obscure origine.

Henry Warden crut devoir interrompre une discussion qui devenait trop vive pour être long-temps amicale.

— Milords, dit-il, je ne dois rien ménager lorsque je
remplis les devoirs de mon ministère. C'est une honte,
c'est un scandale d'entendre deux seigneurs qui se sont

occupés avec tant de succès du grand ouvrage de la réformation se disputer à présent pour d'aussi vaines folies. Songez combien de temps vous avez eu une seule et même pensée; combien de temps vous avez vu du même œil, entendu d'une même oreille, et effrayé par votre alliance les ministres de l'antechrist. Ne faudra-t-il pour troubler cette union qu'un vieux château tombant en ruines, les amours d'un villageois et d'une jeune fille élevés dans la même obscurité, ou des discussions encore plus futiles sur la généalogie!

—Il a raison, noble Douglas, dit Murray en lui tendant la main; notre union est trop nécessaire au succès de la bonne cause pour que des motifs aussi frivoles puissent y porter atteinte. J'ai donné ma parole à Glendinning, je ne puis la lui retirer. Les guerres où j'ai pris part ont fait bien des misérables; essayons du moins de faire un heureux. Il ne manque en Écosse ni de châteaux ni de filles à marier. Je vous promets, milord, un riche parti pour le jeune Bennygask. Mais nous voici au milieu du village; j'aperçois le fier abbé du couvent de Sainte-Marie à la tête de son troupeau. Vous avez bien fait de plaider sa cause, Warden, car je vous jure qu'autrement j'étais décidé à chasser les brebis et à détruire le bercail.

—Je vous répète, dit Warden, que ce William Allan, qu'ils appellent l'abbé Eustache, est un homme qui ferait plus de tort à notre cause dans le malheur que dans la prospérité. Il saura souffrir toutes les persécutions, et plus vous l'accablerez, plus ses talens et son courage ressortiront avec éclat. Au faîte de sa puissance, il peut exciter la haine ou du moins l'envie; mais s'il parcourait le pays, pauvre et victime de l'oppression, sa patience, son savoir, son éloquence, lui concilieraient tous les cœurs. Oui, n'en doutez pas; prendre dans cette occasion des mesures de rigueur, c'est faire le plus grand tort à notre cause.

— Croyez-moi, dit Morton, les revenus du monastère mettront plus d'hommes en campagne en un seul jour que tous ses sermons n'en mettraient en dix ans. Nous ne sommes pas au temps des Pierre l'Ermite, où les moines pouvaient faire marcher des armées d'Angleterre à Jérusalem : mais l'or a autant d'influence que jamais. Je dis que confisquer les revenus de l'abbaye, c'est le meilleur moyen de faire cesser toute espèce de résistance.

— Il faudra sans doute qu'il paie une forte contribution, dit Murray; et de plus, s'il veut rester dans son monastère, il faut qu'il se décide à remettre Piercy Shafton entre nos mains.

En disant ces mots, il fit un signe à son écuyer, qui s'approcha de la croix autour de laquelle les moines étaient rangés. — Le comte de Murray, dit-il, ordonne à l'abbé de Sainte-Marie de paraître devant lui.

— L'abbé de Sainte-Marie, répondit Eustache, lorsqu'il est dans ses domaines, n'a d'ordre à recevoir de personne. Si le comte de Murray veut le voir, qu'il vienne le trouver.

En recevant cette réponse, Murray sourit d'un air de dédain, et mettant pied à terre, accompagné de Morton et des principaux officiers de sa suite, il s'approcha de l'endroit où les moines étaient rassemblés; ceux-ci ne purent retenir un mouvement de terreur à la vue du lord hérétique, aussi puissant que redouté. Mais l'abbé, promenant sur eux ses regards où se pei-

gnait une noble confiance, s'avança hors de leurs
rangs, comme un vaillant guerrier qui voit le moment
où il lui faut déployer sa valeur personnelle pour ranimer le courage défaillant de ses troupes. — Comte de
Murray, dit-il, moi Eustache, abbé du monastère de
Sainte-Marie, je vous demande de quel droit ces soldats
remplissent notre village et cernent de tous côtés nos
frères! Si vous demandez l'hospitalité, nous ne l'avons
jamais refusée à qui que ce fût. Si vous voulez exercer
la violence contre des prêtres paisibles, faites-nous-en
du moins connaître la raison.

— Votre langage pourrait être plus mesuré, dit fièrement Murray. Nous ne venons pas ici pour répondre
à vos questions, mais pour vous demander pourquoi
vous avez rompu la paix en faisant prendre les armes à
vos vassaux, en convoquant les sujets de la reine, enfin
en commençant des hostilités qui ont déjà causé la mort
d'un grand nombre de braves soldats, et qui peuvent
avoir les suites les plus funestes en occasionant une
rupture avec l'Angleterre?

— *Lupus in fabulá*, répondit l'abbé d'un air de dédain. Le loup accusait l'agneau de troubler son breu-
vage, tandis que celui-ci se désaltérait dans le courant à
plus de vingt pas au-dessous de lui; mais c'était un prétexte pour le dévorer. J'ai convoqué les sujets de la
reine? Oui, je l'ai fait, pour défendre ses états contre
les étrangers. Je n'ai fait que mon devoir; et tout mon
regret, c'est de n'avoir pu le remplir plus efficacement.

— Et était-il aussi de votre devoir de donner un
asile à un traître, à un rebelle que poursuit la reine
d'Angleterre? Était-il de votre devoir d'allumer la
guerre entre l'Angleterre et l'Écosse?

— Dans ma jeunesse, milord, répondit l'abbé avec la même intrépidité, une guerre avec l'Angleterre n'était pas une chose si redoutée ; et ce n'était pas seulement un prêtre, obligé par la règle de son ordre à remplir également envers tous les devoirs de l'hospitalité, mais encore le dernier paysan écossais, qui eût rougi d'alléguer la crainte de l'Angleterre pour fermer sa porte à un exilé. Alors il était rare que les Anglais vissent la figure d'un seigneur écossais si ce n'est à travers la visière de son casque.

— Moine ! s'écria le comte de Morton, votre insolence pourra bien ne pas rester impunie. Les jours ne sont plus où les prêtres de Rome pouvaient braver impunément tous les seigneurs. Livrez-nous ce Piercy Shafton, ou, par les armes de mon père ! je fais du monastère un feu de joie.

— Songez que ses ruines tomberont sur les tombeaux de vos ancêtres. Mais, je le répète, quel que soit le sort que Dieu me réserve, jamais le prieur du monastère de Sainte-Marie ne livrera celui qu'il a promis de protéger.

— Vous voulez nous pousser à bout, s'écria Murray ; songez que ces troupes feront du ravage dans votre couvent, si nous sommes forcés d'y faire une visite pour trouver cet Anglais.

— Vous n'aurez pas besoin de vous donner cette peine, dit une voix qui partait du milieu de la foule ; et s'approchant gracieusement du comte, l'euphuiste jeta le manteau dont il s'était enveloppé. Plus de vains déguisemens, du moment que la sûreté de mes hôtes est compromise. Vous voyez devant vous, milords, le chevalier de Wilverton, qui veut vous épargner un sacrilège.

— Je proteste devant Dieu et devant les hommes, dit l'abbé, contre toute infraction qu'on tenterait de faire en s'emparant de ce noble chevalier. S'il reste encore quelque énergie au parlement d'Écosse, nous y porterons nos plaintes, milord.

— Point de menaces, dit Murray; elles sont inutiles. Peut-être n'ai-je pas les intentions que vous me supposez. Gardes, veillez sur votre prisonnier.

— Je consens à vous suivre, dit sir Piercy, me réservant le droit d'appeler lord Murray et lord Morton en combat singulier, pour vider cette querelle comme il convient entre gens d'honneur.

— Vous trouverez à qui répondre, sire chevalier, reprit Morton, sans élever vos prétentions jusqu'à provoquer des hommes qui sont trop au-dessus de vous.

— Et quels sont donc, dit le chevalier anglais, ces guerriers superlatifs dont le sang coule plus pur que celui de Piercy Shafton?

— Est-il donc si difficile d'en trouver? dit Stawarth Bolton qui s'était alors approché du comte de Murray. Croyez-vous qu'on ait oublié ce qu'était le père de votre mère? un tailleur, et voilà tout. Mais quoi! si vous avez un orgueil très-déplacé, si vous rougissez de votre naissance, est-ce une raison pour nous de l'oublier? Votre mère était la plus jolie fille du canton. Elle épousa Wild Shafton de Wilverton, qui, dit-on, n'était allié aux Piercy que du côté gauche.

— Soutenez donc le chevalier, dit Morton; il tombe de si haut qu'il en est tout étourdi.

Dans le fait on eût dit que sir Piercy Shafton venait

d'être frappé du tonnerre; et malgré la position critique où une partie des spectateurs se trouvait, personne, sans en excepter l'abbé lui-même, ne put s'empêcher de rire de son air contrit et humilié.

— Riez, dit-il enfin, riez, messieurs, ce n'est pas à moi de m'en offenser. Cependant je voudrais bien savoir comment ce jeune homme qui rit plus fort que tous les autres, et qui déjà m'a rappelé ma naissance dans une autre occasion, a pu découvrir cette malheureuse circonstance dans une généalogie qui, du reste, est parfaitement en règle. Je le prierais aussi de me dire quel motif il a eu pour révéler ce pénible secret?

— Moi l'avoir révélé? dit Halbert Glendinning d'un air d'étonnement, car c'était à lui que s'adressait cet appel pathétique; c'est la première fois que j'en entends parler.

— Comment! n'est-ce pas vous qui l'avez appris à ce vieux soldat? reprit le chevalier dont la surprise augmentait à chaque instant.

— Lui? dit Bolton, je ne l'ai jamais vu.

— Comment! vous ne le connaissez pas? dit dame Glendinning, sortant à son tour de la foule : Mon fils, c'est Stawarth Bolton, celui à qui nous devons la vie et le peu qui nous reste. S'il est prisonnier, ce qui me paraît assez probable, employez votre crédit auprès de ces nobles lords pour qu'ils aient des égards pour un vieux militaire appui de la veuve et de l'orphelin.

— Et par ma foi! bonne dame, dit Bolton, nous avons l'un et l'autre quelques rides de plus sur la figure depuis que nous ne nous sommes vus, mais votre cœur est toujours le même. Savez-vous que votre fils m'a

donné diablement de fil à retordre ce matin? Ce petit
brunet! je disais bien qu'il ferait un bon soldat. Et où
est la tête blonde?

— Hélas! dit la mère en baissant les yeux, Édouard
a pris les ordres, et il est moine dans cette abbaye.

— Un moine et un soldat! ce sont deux tristes mé-
tiers, je vous jure, ma chère dame. Il valait mieux
faire au moins de l'un d'eux un bon tailleur, comme
le grand-père de sir Piercy Shafton. Je vous portais
envie autrefois en vous voyant mère de deux jolis
enfans; mais je ne me serais pas soucié de leur voir
prendre de pareilles professions : le soldat meurt sur
le champ de bataille, le moine vit à peine dans le cloître.

— Ma bonne mère, dit Halbert, où est Édouard? ne
pourrais-je lui parler?

— Il vient de nous quitter, répondit le père Philippe, pour porter un message de la part de notre révérend abbé.

— Et Marie? mon excellente mère!

Marie Avenel n'était pas éloignée, et ils se retirèrent
tous trois à l'écart pour se raconter mutuellement leurs
aventures.

Tandis que les personnages secondaires occupaient
ainsi un plan du tableau, l'abbé tenait une conférence
avec les deux comtes, et tantôt cédant en partie à leurs
demandes, tantôt résistant avec autant d'art que d'éloquence, il parvint à capituler à des conditions honorables. Il protesta que, si on le poussait à bout, il met-
trait le domaine du monastère sous la protection de la
reine d'Écosse, en la laissant maîtresse d'en disposer à
son gré. Une pareille mesure eût singulièrement con-
trarié les vues des deux comtes, qui se contentèrent

pour le moment, d'un léger sacrifice de terres et d'argent.

Lorsque cette espèce de trève fut conclue, l'abbé intercéda pour sir Piercy Shafton : — C'est un fanfaron, milords, j'en conviens, dit-il; mais, au milieu de sa folie, il a de bonnes qualités. D'ailleurs il est assez puni; soyez sûr que vous l'avez fait plus souffrir aujourd'hui que si vous lui aviez donné un coup de poignard.

— Vous voulez dire un coup d'aiguille, reprit le comte de Morton en riant; sur mon honneur! j'aurais cru que ce petit-fils d'un faiseur d'habits descendait au moins d'une tête couronnée.

— Je pense comme l'abbé, dit Murray, qu'il serait peu délicat de le livrer à Élisabeth; mais nous l'enverrons du moins dans un lieu où il ne puisse lui donner aucune inquiétude. Notre écuyer et Bolton le conduiront à Dunbar, et l'embarqueront à bord d'un bâtiment pour qu'il se retire en Flandre. Mais doucement, le voici : quelle est cette femme à qui il donne la main?

— Milords et messieurs, dit le chevalier anglais avec beaucoup de solennité, faites place à l'épouse de Piercy Shafton. C'est un secret que je ne me souciais guère de faire connaître; mais le sort, en révélant ce que je m'efforçais en vain de cacher, a détruit les motifs qui m'engageaient au silence.

— Eh! sur ma foi, dit Tibbie, c'est Mysie Happer, la fille du meunier. Je me doutais bien que ces Piercy finiraient par être obligés de baisser le ton.

— Oui, dit le chevalier, c'est la belle Mysinda dont les vertus mériteraient un plus haut rang que celui auquel il est permis à son humble serviteur de l'élever.

— Je soupçonne, dit Morton, que nous n'aurions

jamais su que la fille du meunier était devenue une grande dame, si le chevalier ne s'était pas trouvé être le petit-fils d'un tailleur.

— Milord! dit Piercy, c'est montrer un triste courage que de frapper celui qui ne peut plus se défendre. J'espère que vous vous rappellerez ce qu'on doit à un prisonnier, et que vous ne pousserez pas plus loin vos plaisanteries sur un sujet odieux.

— Brisons là, dit Murray; aussi-bien avons-nous d'autres affaires à régler. Il faut que j'assiste au mariage de Glendinning avec Marie Avenel, et que je le mette sur-le-champ en possession du château de son épouse. C'est une mesure qu'il est bon de prendre avant que nos troupes quittent ces environs.

— Et moi, dit le meunier, j'ai le même grain à moudre. J'espère que quelqu'un de ces bons pères voudra bien marier ma fille à son amant.

— C'est inutile, dit Shafton, la cérémonie a été solennellement accomplie.

— Je ne serais pas fâché qu'on la recommençât, dit le meunier; il vaut toujours mieux être sûr de son fait. C'est ce que je me dis toutes les fois qu'il m'arrive de tirer deux moutures du même sac de farine.

— Empêchez le meunier de tourmenter ce pauvre sir Piercy, dit le comte de Murray, car vraiment il le fera mourir. Milord, ajouta-t-il en s'adressant à Morton, l'abbé nous offre l'hospitalité dans son couvent. Je suis d'avis que nous nous y rendions tous. Il faut que je fasse connaissance avec la jeune héritière d'Avenel. Je veux demain lui servir de père. Toute l'Écosse verra comment Murray sait récompenser un serviteur fidèle.

17

Marie Avenel et son amant évitèrent de rencontrer le père Eustache, et fixèrent momentanément leur demeure dans une maison du village. Le lendemain ils furent unis par le prédicateur protestant, en présence des deux comtes. Le même jour, Piercy Shafton partit avec son épouse, sous l'escorte qui devait le conduire à Dunbar et le voir embarquer pour les Pays-Bas. Le lendemain de grand matin, les deux comtes, à la tête de leurs troupes, furent mettre Halbert Glendinning en possession des domaines appartenans à son épouse, ce qui eut lieu sans opposition.

Mais ce ne fut pas sans l'apparition d'un de ces phénomènes qui semblaient annoncer tous les événemens remarquables qui arriveraient à la famille d'Avenel, que Marie entra dans l'antique château de ses pères. Le même homme armé qui avait apparu plus d'une fois à Glendearg fut vu par Tibbie et par Martin, qui accompagnaient leur jeune maîtresse. Il précédait la cavalcade qui s'avançait vers le château, il leva la main d'un air de triomphe en passant sur chaque pont-levis, et il disparut sous l'arcade obscure surmontée des armes de la maison d'Avenel. Les deux fidèles domestiques ne firent part de leur vision qu'à la dame Glendinning, qui avait accompagné son fils pour lui voir prendre rang parmi les barons du pays : — Hélas ! s'écria-t-elle, le château est superbe sans doute, mais je souhaite qu'avant peu nous ne désirions pas tous de retourner dans notre paisible demeure de Glendearg.

Cette réflexion, suggérée par l'anxiété maternelle, fit bientôt place au désir d'examiner la nouvelle habitation de son fils, et rien ne troubla plus son plaisir.

Cependant Édouard s'était retiré dans la tour de

Glendearg, où tout renouvelait sa douleur. L'abbé l'y avait envoyé sous prétexte d'avoir des papiers importans, appartenans à l'abbaye, qu'il voulait y cacher, mais c'était au fond pour l'empêcher d'être témoin du triomphe de son frère. Le malheureux jeune homme errait dans ces appartemens solitaires, trouvant à chaque pas de nouveaux sujets de réflexions amères. Enfin ne pouvant supporter plus long-temps l'état d'irritation et de désespoir dans lequel il se trouvait, il sortit précipitamment, et courut à la vallée où s'était déjà passé de si surprenantes aventures. Le soleil se couchait lorsqu'il arriva à l'entrée du Corrie-nan-Shian. Mais il était dans une disposition d'esprit à chercher le péril plutôt qu'à l'éviter.

— Je veux voir, dit-il, si cet être mystérieux se montrera encore à moi. Il m'a prédit le destin qui m'a fait prendre cet habit; qui sait s'il ne m'apprendra pas quelque chose d'une vie qui ne peut être que misérable ?

Il vit en effet la Dame Blanche assise d'un air triste près de la fontaine. Elle semblait regarder avec chagrin sa ceinture d'or, qui était alors semblable au fil de soie le plus délié, et elle chantait d'un ton lent et mélancolique les paroles suivantes :

Adieu, houx toujours vert, adieu pure fontaine,
Pour la dernière fois vous entendez mes chants !
Ce fil d'or m'avertit que ma fin est prochaine ;
Un sommeil éternel est tout ce que j'attends.
    Je sens expirer ma puissance,
Je vais m'anéantir, je n'en puis plus douter.
    Je n'ai plus droit à l'existence
Quand le nom d'Avenel a cessé d'exister.

A peine avait-elle prononcé ces mots qu'elle disparut,

non en se confondant avec l'air par une gradation presque insensible comme c'était son usage, mais tout à coup et avec la même rapidité que les ténèbres se répandent sur la face de la terre, quand dans une nuit obscure un éclair a sillonné l'horizon. Édouard reprit le chemin de son couvent, et en apprenant que son frère venait de recevoir la main de Marie, il ne put s'empêcher d'éprouver une crainte vague que ce mariage ne leur fût fatal à tous deux.

FIN DU MONASTÈRE.

Ici finit la première partie du manuscrit du Bénédictin. J'ai vainement cherché à fixer l'époque précise de l'histoire; car les dates ne peuvent exactement s'accorder avec celles des historiens les plus accrédités. Mais il est étonnant combien les écrivains d'Utopie sont indifférens sur ces objets importans. J'observe que l'érudit M. Laurence Templeton, dans sa dernière publication intitulée Ivanhoe, a non-seulement attribué à Édouard *le Confesseur* une postérité inconnue à l'histoire, mais encore, sans compter d'autres solécismes, a interverti l'ordre de la nature, et nourri ses pourceaux avec des glands au milieu de l'été.

Tout ce que peuvent alléguer les plus ardens admirateurs de cet auteur se réduit à ceci : que les événemens critiqués sont aussi vrais que le reste de l'histoire, ce qui me paraît à moi (surtout au sujet des glands) une réfutation bien imparfaite; l'auteur fera sagement de profiter de l'avis du capitaine Absolu (1) à son valet, et de ne plus faire de mensonges que ceux qui lui seront indispensablement nécessaires.

(1) Personnage de comédie.

ŒUVRES COMPLÈTES

DE

SIR WALTER SCOTT.

Cette édition sera précédée d'une notice historique et littéraire sur l'auteur et ses écrits. Elle formera soixante-douze volumes in-dix-huit, imprimés en caractères neufs de la fonderie de Firmin Didot, sur papier jésus vélin superfin satiné; ornés de 72 *gravures en taille-douce* d'après les dessins d'Alex. Desenne; de 72 *vues* ou *vignettes* d'après les dessins de Finden, Heath, Westall, Alfred et Tony Johannot, etc., exécutées par les meilleurs artistes français et anglais; de 30 *cartes géographiques* destinées spécialement à chaque ouvrage; d'une *carte générale de l'Écosse* et d'un *fac-simile* d'une lettre de Sir Walter Scott, adressée à M. Defauconpret, traducteur de ses œuvres.

CONDITIONS DE LA SOUSCRIPTION.

Les 72 volumes in-18 paraîtront par livraisons de 3 volumes de mois en mois; chaque volume sera orné d'une *gravure en taille-douce* et d'un titre gravé, avec une *vue* ou *vignette;* et chaque livraison sera accompagnée d'une ou deux *cartes géographiques.*

Les *planches* seront réunies en un cahier séparé formant *atlas.*

Le prix de la livraison, pour les souscripteurs, est de 12 fr. et de 20 fr. avec les gravures avant la lettre.

Depuis la publication de la 3e livraison, les prix sont portés à 15 fr. et à 30 fr.

ON NE PAIE RIEN D'AVANCE.

pour être souscripteur il suffit de se faire inscrire à Paris

Chez les Éditeurs:

A. SAUTELET ET Co,   CHARLES GOSSELIN, LIBRAIRE
LIBRAIRES,   DE S. A. R. M. LE DUC DE BORDEAUX,
Place de la Bourse.   Rue St.-Germain-des-Prés, n. 9

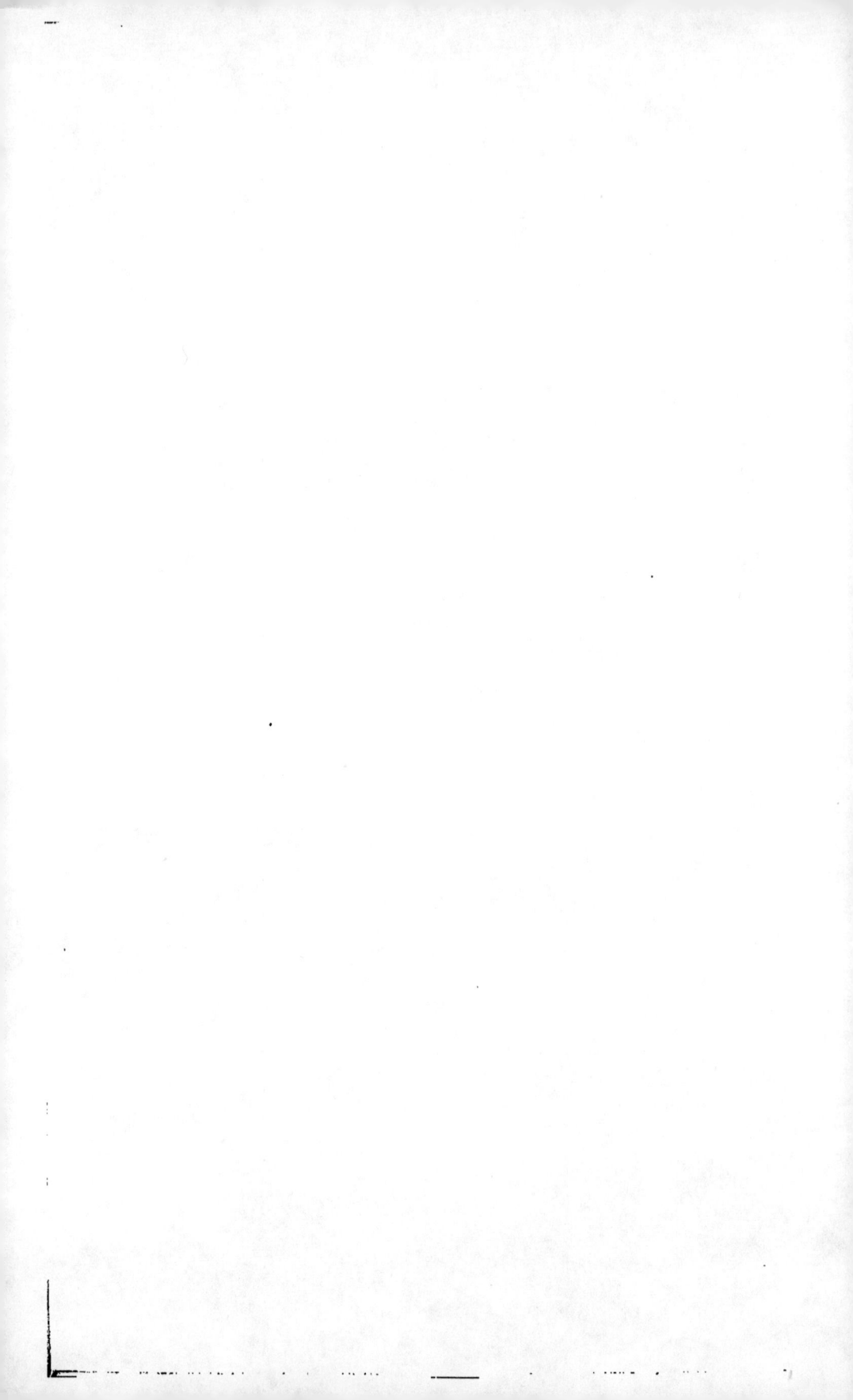